스님은 아직도 사춘기

스님은 아직도 사춘기

명진 지음

평화의 길

봉은사 주지를 그만두고 조계종 총무원으로부터 승적까지 박탈당하고 나니 오히려 마음이 편해졌습니다. 다시 50여 년 전 출가할 때의 첫 자리, 첫 마음으로 돌아온 셈입니다. 그렇게 수행자의 모습으로 돌아와 사람들을 만나고, 세상을 만났습니다. 그 속에서 우리가 가야 할 길을 함께 생각해보았습니다.

나는 누구인가, 진리란 무엇인가, 무엇이 행복인가, 어떤 게 잘사는 것인가…. 이처럼 가장 본질적인 물음을 외면한 채 껍데기뿐인 인생을 통해 과연 무엇을 얻을 수 있을까요? 한때 제가 속해 있었던 조계종도 마찬가지입니다. 돈과 권력에 취한 채 간화선(看話禪)의 세계에서 벗어난 지 오래입니다. 과연 종교가 왜 필요한지 근본적으로 되묻고 싶습니다.

오늘 우리 앞에 닥친 코로나 시대는 새로운 성찰을 요구하고 있습니다. 이제까지 삶의 방식과 철학을 되돌아보게 합니다. 물질적 풍요와 성공에 대한 집착, 경쟁에서 이겨야 한다는 강박 속에서 우리는 '나'를 잊고 살아가는지도 모릅니다. 모든 것을 인간 중심으로 바라본 아만(我慢)이 오늘날 갈등과 파괴의 불씨가 되었는지도 모릅니다.

그런 성찰을 함께 나누고 싶었습니다. 집도 절도 없는 신세이다 보니 산길을 걷다가 따스한 햇볕 아래 앉아, 흐드러지게 핀 들꽃을 벗 삼아, 솔 향기 짙은 수풀에 몸을 맡긴 채, 제 마음속의 화두(話頭)를 풀어보았습니다. 때로는 살아온 인생을, 때로는 불교에 대한 견해를, 때로는 세상과 사회에 대한 고민을, 격식 없이 자유롭게 나누어보았습니다. 그렇게 1년여 동안 명진TV에서 이야기한 사연들을 정리해보았습니다.

2011년 제가 처음으로 낸 책 제목이 《스님은 사춘기》였습니다. 봉은사 주지 시절 일요법회 때 신도들에게 제가 살아온 이야기와 불교에 대한 생각을 풀어놓았는데 그 내용을 글로 정리해 책으로 냈습니다. 그리고 10년이 지나 다시 불교와 세상에 대한 저의 생각을 정리해 책으로 내면서 제목을 《스님은 아직도 사춘기》라고 붙였습니다. 10년이 지났지만 저는 오늘도 알 수 없는 물음을 끝없이 던지며 수행자로 살아가고 있습니다. 그러니 예나 지금이나 아직도 사춘기인 셈입니다.

봉은사 시절부터 저를 믿고 지지해준 신도들을 잊지 않겠습니다. 어려운 여건 속에서도 함께 길을 가는 사단법인 평화의길 도반(道伴)들을 생각하겠습니다. 용산 참사 유가족들, 쌍용자동차 해고 노동자들, 세월호 희생자 부모님들, 그리고 이 책에 목판화를 그려주신 이용훈 작가님과 제 수행의 나침반이 되어준 소중한 인연들을 기억하겠습니다. 아직도 사춘기로 살아가도록 저를 깨우쳐준 분들입니다. 그분들께 이 책을 드립니다.

임인년(2022년) 새해 첫날
명진 합장

목차

4
당신의 행복은 어디에 있나요?

1

아직도
난
모르겠네

고독한 늑대가 돼라

본래 야생에서 뛰어놀던 늑대를 길들여 가축으로 만든 것이 개입니다. 길들여 목줄에 묶여 사는 개에게 '너는 본래 늑대다, 숲으로 가 자유롭게 살아라'라고 하며 목줄을 풀어줘 보세요. 처음에는 신이 나서 마음껏 뛰쳐나갑니다. 하지만 하루도 못 견디고 다시 돌아와 기꺼이 개목걸이에 걸려 개집으로 들어가는 편안함을 선택할 것입니다.

완전한 자유를 주어도 개는 절대 그 자유를 누리지 못합니다. 늘 주인 곁을 서성거리며 꼬리를 흔듭니다. 오랫동안 길들어 있던 현실의 익숙함에서 벗어나지 못하기 때문입니다.

지공(誌公)[1] 선사의 시도 많은 것을 생각하게 합니다.

> "울안의 닭, 배불러도 솥 안에 삶아지고
> 들판의 학, 배고파도 천지가 자유롭네."
> 농계유식탕와근(籠鷄有食湯鍋近)
> 야학무량천지관(野鶴無糧天地寬)

자유로운 삶이란 주체적인 삶을 말합니다. 자유롭다는 것은 어느 것에도 묶이지 않고 자기 삶의 주인으로 사는 것입니다. 자유로운 삶은 막막하고 불안합니다. 자유롭다는 것은 무엇이든 할 수 있으므로 새롭습니다. 하지만 새로운 것은 낯설고, 낯설기에 불안합니다. 이 막막하고 불안한 상태가 우리가 자꾸만 익숙한 것에 매달리도록 만듭니다.

묶여 있는 안락함보다는 두려움 속의 자유를 추구하십시오. 목줄에 묶인 채 편안한 잠자리와 풍요로운 식탁을 누리며 행복하다고 착각하는 개가 되지 마십시오. 밀림의 온갖 위험과 불안 속에서도 자유를 쟁취하는 고독한 늑대가 되십시오. 자유롭다면 무엇을 해도 행복할 수 있습니다.

---

1 지공 선사(418-514)는 중국 남북조시대 양나라 무제 때의 고승이다. 그가 지은 《대승찬》(大乘讚)은 짧은 시구 속에 불교의 가르침을 간결하고도 설득력 있게 노래한 선시(禪詩) 97수를 기록한 책이다. 이 책은 선불교의 3대 선시집으로 꼽힌다.

혁명적 이단아가 되자

2500여 년 전에 부처님께서 오셨을 때, 인도 사회는 철저한 계급사회였습니다. 카스트제도는 불가촉천민(不可觸賤民)[1]을 사람으로 대하지 않았습니다. 짐승처럼 취급했습니다. 하지만 부처님은 교단에 들어온 순서대로 자리를 내주었습니다. 계급으로 사람을 나누지 않았습니다. 가장 차별받던 여성들도 받아들였습니다. 시대의 틀을 때려 부수려고 했던 부처님은 혁명적 이단아였습니다.

이단(heresy)이란 말의 어원은 개인의 자유로운 선택을 의미합니다.[2] 근본 기독교에서 이단은 마귀가 쓰인 응징의 대상이었습니다. 중세 기독교는 교황의 가르침에서 벗어나는 것을 이단으로 규정했습니다. 하지만 부처님은 철저히 이단적 삶을 가르치신 분입니다.

고통받는 중생들에게 연민의 마음을 갖고, 그들과 같이 슬퍼하고 손잡아주는 것이 불교의 참모습입니다. 있는 사람 더 잘되라고 목탁 치고 빌어주는 건 사기입니다. 극락에 보내줄 테니 시주해라, 천당에 보내줄 테니 헌금해라, 여기에 속으면 안 됩니다.

극락도 내가 행한 행위로 가는 것입니다. 내가 나쁜 짓을 했으면 당연히 지옥에 가야 합니다. 나쁜 짓, 못된 짓 실컷 하고도 절에 시주 많이 했다고, 교회에 헌금 많이 냈다고 지옥에 안 가면 부처님과 하나님을 뇌물수수죄로 수갑 채워 감옥에 보내야 합니다.

올바른 안목으로 세상을 볼 수 있는 눈이 열려서 올바른 견해와 자비심으로 세상을 바라볼 줄 알 때, 이미 부처님은 내 마음속에 존재합니다. 그렇지 않으면 아무리 절에 가서 등을 달고 절을 해도 부처님과는 아무런 상관이 없습니다.

---

1 인도에서 수천 년간 내려오는 신분제도인 카스트는 사람들을 브라만(Brahman), 크샤트리아(Kshatriya), 바이샤(Vaisya), 수드라(Sudra), 네 계급으로 나누는데 카스트 제도에 속하지 않는 제5계급의 사람들을 불가촉천민(untouchable)이라고 한다. 인도의 최하층 신분으로 힌두교인으로도 인정받지 못한다. 현재까지도 차별과 억압에 시달리며 최소한의 기본권조차 보장받지 못하고 있다.
2 이단의 어원은 헬라어 원어로 '하이레시스'(hairesis)인데, '선택'(choice), '의견'(opinion)을 뜻하는 말이다.

어느 것이 참다운 부처인가?

운문(雲門)[1] 선사는 초파일에 이렇게 법문을 했습니다.

> "부처님 태어날 때 내가 그 옆에 있었더라면 몽둥이로 한 방에 때려죽여 개가 씹어 먹게 던져주었을 것이다. 그랬다면 천하가 이렇게 시끄럽지 않았을 텐데…."

임제(臨濟)[2] 선사도 살불살조(殺佛殺祖)라고 했습니다.

> "부처가 오면 부처를 죽이고, 조사가 오면 조사를 죽여라."

고정 관념에서 벗어나야 진리에 이를 수 있다는 뜻입니다.

단하(丹霞)[3] 선사의 이야기도 유명합니다.
어느 날 단하 선사가 절에 객(客)으로 와서 하룻밤을 자는데 방이 추웠습니다. 땔감을 찾다가 법당의 목불을 발견하고는 부러뜨려 군불을 땠습니다. 다음 날 아침 주지 스님이 법당에 와보니 부처님이 없어졌습니다. 온 절을 찾아다니다 간밤에 객중의 짓이란 걸 알았습니다.

> "세상에 부처님을 군불로 때는 놈이 어디 있느냐!"

"내가 간밤에 불을 땐 게 부처였구나. 그러면 부처를 화장했으니 사리가 나왔겠네. 주지 스님, 나하고 같이 사리를 찾으러 갑시다."

"야, 이놈아. 목불에서 무슨 사리가 나오느냐."

그러자 단하 선사가 벽력같이 외쳤습니다.

"사리도 안 나오는데 무슨 부처인가! 목불은 불을 견디지 못하고, 철불은 용광로를 견디지 못하고, 진흙불은 물속에 들어가면 녹아버리는데, 어느 것이 참다운 부처인가!"

이것이 불교의 정신입니다. 틀에 얽매이지 않는 자유로운 정신이 불교입니다.

---

1 운문(864-949) 선사는 당나라 말기와 오대 시기의 걸출한 선사로 중국 선종 오가의 하나인 운문종의 개조이다.
2 임제(?-867) 선사는 당나라 때의 고승으로 임제종의 창시자이다. 그의 법어를 수록한 《임제록》은 대표적인 선종 어록이다.
3 단하(739-824) 선사는 선종의 양대 거목이었던 석두 선사에게서 머리를 깎고 마조 선사로부터 '천연'(天然)이라는 법명을 받은 이로, 파격의 상징처럼 거론되는 선승이다.

비둘기만큼 살을 내놓으시오

어느 날 미래 부처가 될 수행자(修行者)에게 비둘기 한 마리가 날아옵니다.
곧바로 독수리가 쫓아와 비둘기를 내어달라고 합니다.

> "모든 생명이 귀한데 어찌 연약한 비둘기를 내어줄 수 있
> 겠느냐."

수행자는 거절합니다.
그러자 독수리가 말합니다.

> "나도 사흘을 굶었고, 지금 온 힘을 다해 이 비둘기를 쫓아
> 왔소. 이 비둘기를 먹지 못하면 나도 곧 죽게 될 것인데, 비
> 둘기만 귀하고 내 목숨은 중하지 않다는 말이오."

결국 수행자가 독수리에게 제안합니다.

> "이 비둘기의 무게만큼 나의 살점을 떼어줄 테니 더는 비
> 둘기를 쫓지 마라."

독수리는 제안을 받아들이면서도 딱 비둘기만큼의 살점만 달라고 합니다.

수행자는 비둘기 크기만큼 자신의 허벅지살을 잘라 저울 위에 올려놓았습니다. 하지만 저울은 꿈쩍도 하지 않습니다. 이번에는 반대쪽 허벅지살을 잘라 올려놓았습니다. 그래도 저울의 눈금은 변함이 없습니다. 팔과 다리를 올려놓아도 마찬가지였습니다. 마침내 수행자가 저울 위에 올라앉자 그때야 비둘기와 무게가 같아집니다. 그 순간 독수리는 제석천왕(帝釋天王)[1]으로 변신해 다음과 같이 말합니다.

> "미래의 부처가 되실 수행자여. 하찮아 보이는 비둘기도 생명의 무게로는 부처가 되실 이와 조금도 다른 바 없습니다."

부처님의 전생을 다룬 《본생담》(本生譚)[2]에 나오는 이야기입니다. 이 이야기는 모든 생명은 다 존엄하다는 부처님의 가르침을 담고 있습니다.

우리는 그동안 너무 인간 중심으로 살아왔습니다. 점점 더 많이, 점점 더 높이, 점점 더 빠르게, 대량생산의 산업혁명을 문명의 발전으로 여겼습니다. 하지만 한계에 왔습니다. 저는 환경운동이란 말을 싫어합니다. 이 말도 인간 중심의 개념입니다. 환경운동을 넘어 생명운동으로 나아가야 합니다. 인본주의를 넘어 생명근본주의로 나아가야 합니다. 만물의 영장이라는 건방진 생각도 버려야 합니다.

배가 부르고 모든 것이 만족스러운데도 살생을 하는 건 인간뿐입니다. 조류독감이 돈다고 오리, 닭 수백만 마리를 살처분하는 악행을 생각해보십시오. 코로나19는 인간이 저지른 악행에 대해 참회하라는 메시지입니다.

1 수미산 정상에 있는 하늘인 도리천의 임금으로, 수미산 중턱의 사천왕을 거느리고, 불법과 불
  제자를 보호하며, 아수라의 군대를 정벌한다고 한다.
2 부처님의 전생을 동물, 조류, 신화, 전설을 빌려 이야기로 풀어낸 것으로 모두 547편의 이야기
  가 전해진다. 본생담의 내용은 유럽에 전해져 이솝이야기에 인용되기도 했다.

도(道)를 구하는 사람들의 착각

깨닫는 것이 세수하다가 코 만지기보다 쉽다는 말이 있습니다. 알고 보면 바로 그 자리인데 애써 구하기 때문에 모른다는 뜻입니다. 순수하게 공부를 하면 물 흐르듯 공부가 되는데 내가 알았다는 소견이 들어오면 그때부터 공부가 안 됩니다. 기름칠해 놓은 미꾸라지처럼 의심이 안 걸립니다.

우리는 규격화된 틀 속에 살도록 훈련되고 세뇌되어 있습니다. 인간이 만들어놓은 규율이 절대적이면 그때부터 괴로워지는 것입니다. 세상에서 절대적인 게 무엇일까요? 세상은 우리가 모르는 게 억만이라면 알고 있는 건 0.01%도 안 됩니다. 이것을 전제로 세상을 보고 대해야 합니다. 우리가 알고 있는 것은 아무것도 없다는 걸 전제로 세상을 보는 것을 저는 감히 도(道)라고 하겠습니다.

도를 구하는 사람들이 착각하는 게 있습니다. 열심히 '이뭣고'¹를 하거나, 열심히 염불(念佛)을 하거나, 열심히 수행하면 깨달음이 올 거라고 착각합니다. 구하려는 욕심 때문에 본성을 못 보는 것입니다. 일체 구하는 마음을 다 내려놓아야 합니다.

뭔가 됐다는 오만(傲慢)과 헐떡이는 마음은 그릇이 작으면 물이 조금만 차도 넘쳐버리는 것과 같습니다. 그릇이 작다 보니 다른 정신세계가 다가오면 주체를 못 합니다. 큰 그릇은 물이 벙벙하게 고여도 표시가 안 납니다.

1 수행자가 깨달음을 얻기 위해 참구(參究 : 참선하여 진리를 찾음)하는 문제를 가리켜 '화두'(話頭)라고 하는데, 대표적인 참선수행 화두의 하나가 '이것이 무엇이냐?'는 뜻의 '이뭣고'(是甚麼)이다. 우리가 알고 있고 또 겪고 있는 모든 사물 현상에 대해 근본적인 의문을 던짐으로써 끝없이 몰입해 들어가는 화두법을 말한다.

고양이가 쥐 잡듯이 어미 닭이 알 품듯이

"스님, 공부가 안됩니다. 어떻게 하면 공부가 잘 될까요?"

젊은 수좌(首座)[1] 스님들이 종종 묻습니다. 그러면 저는 이렇게 대답해줍니다.

"안 되는 공부를 뭐 하려고 억지로 해. 안 되면 하지 마."

저 역시 선방에서 용맹정진하고, 오후불식(午後不食)[2] 한다고 굶어도 보고, 장좌불와(長坐不臥)[3] 한다고 며칠씩 잠도 안 자고 했습니다. 하지만 그때마다 쏟아지는 잠과 온갖 망령들로 머릿속이 가득했을 뿐입니다. 선방에서 가부좌를 틀고 있으면 삼매(三昧)[4]에 들고 공부가 잘 되는 것으로 압니다. 그렇지 않습니다. 다만 애쓸 뿐입니다. 온갖 망념(妄念)이 다 떠오르고, 그 망념과 싸우면 싸울수록 더 거세게 망념이 몰려옵니다.

경허[5] 스님은 공부를 '고양이가 쥐 잡듯이 어미 닭이 알 품듯이 하라'고 했습니다. 비유하자면 이렇습니다. 돋보기로 종이에 불을 붙일 때, 햇볕도 강해야 하지만 초점이 맞아야 합니다. 초점이 안 맞으면 온종일 들고 있어 봐야 불이 안 붙습니다. 초점을 맞추는 것이 바로 '고양이가 쥐 잡듯이' 집중하고 몰입하는 것입니다.

그다음에는 흔들리지 않아야 합니다. 초점이 맞으면 기분이 좋아지고 만족감이 느껴집니다. 공부가 좀 되네 합니다. 하지만 그 생각이 들어오는 순간 다시 공부하고는 거리가 멀어집니다. 공부가 되거나 말거나 흔들리지 말아야 합니다. 그것을 경허 스님은 '어미 닭이 알 품듯이'라고 표현한 것입니다. 저는 경허 스님의 말씀을 이렇게 바꿔서 표현하고 싶습니다.

> '손흥민이 축구공 쫓아가듯이 추신수가 야구공 노려보듯이 하라.'

---

1 고려·조선 때, 승과(僧科)에 합격하여 승진한 승려의 법계(法階)를 나타내는 말인데, 선원에서 좌선하는 승려를 일컫는 말로도 쓰인다.
2 승가의 생활 방식으로 정오 이후에는 먹을 것은 물론 미음도 마시지 않은 것을 말한다.
3 참선의 방법으로 잘 때도 눕지 않고 늘 좌선하는 것을 말한다.
4 집중과 몰입을 통해 마음이 고요해진 상태를 말하며 불교 수행의 이상적인 경지를 뜻한다.
5 경허 스님(1849-1912)은 한국 근현대 불교를 새로 세우고 선종을 중흥시킨 대선사로 추앙을 받는다. 경허 스님이 "만공은 복이 많아 대중을 많이 거느릴 테고, 정진력은 수월을 능가할 자가 없고, 지혜는 혜월을 당할 자가 없다"고 평가한 만공, 수월, 혜월 스님이 대표적인 수제자이다.

도(道)를 향해 가는 길

도를 얻어 깨달으면 육신통(六神通)¹이 열린다고 합니다. 그래서 멀리 볼 수 있고(天眼通), 멀리서도 들을 수 있고(天耳通), 먼 길을 빨리 갈 수 있다고(神足) 합니다. 하지만 이런 것은 요새 누구나 다 하고 있습니다. 핸드폰으로 영상통화를 하면 천안통이 되고, 천이통이 됩니다. KTX만 한 신족통도 없습니다.

또 염라대왕에게는 업경대(業鏡臺)라고 있습니다. 전생을 비춰보는 거울입니다. 살아 있을 때 뭘 했는지 다 볼 수 있다는데, 요새로 치면 CCTV입니다. 또 GPS로 위치추적을 하면 그 사람의 행적이 다 나옵니다. 과학기술이 발달하면서 현실에서 모두 일어나고 있는 일입니다.

이런 것이 도일까요? 아닙니다. 오히려 도를 망치는 것입니다. 도라는 것이 산중에 들어가서 10년, 20년 참선하고 염불해야 얻어지는 특별한 능력을 말하는 게 아닙니다. 그렇게 생각하기에 우리의 공부가 점점 도에서 멀어지는 것입니다.

나는 누구인가? 순수한 물음 속으로 끝없이 몰입해가는 것, 그것이 도를 향해 가는 길입니다. 어떻게 살 것인가? 진지한 물음을 통해 끝없이 자신을 돌아보는 것, 그것이 도를 향한 공부입니다. 그러므로 세속(世俗)을 버리고 산중으로 들어가야 도를 닦을 수 있는 것도 아닙니다. 올바른 견처(見處)²만 있다면 일상 속에서도 얼마든지 할 수 있습니다.

---

1 완전한 정신집중을 통해 얻어지는 6가지 초자연적인 힘을 말한다. 신족통(神足通, 마음대로 갈 수 있고 변할 수 있는 능력), 천안통(天眼通, 모든 것을 훤히 꿰뚫어 볼 수 있는 능력), 천이통(天耳通, 모든 소리를 마음대로 들을 수 있는 능력), 타심통(他心通, 남의 마음속을 들여다볼 수 있는 능력), 숙명통(宿命通, 전생을 볼 수 있는 능력), 누진통(漏盡通, 번뇌와 망상이 완전히 끊어지고 모든 것을 다 아는 능력) 6가지가 있다.
2 자신의 본성, 분별하는 마음의 본래 성품을 가리키는 말이며, 깨친 바의 경지를 뜻하기도 한다.

오직 알 수 없는 모름만 남은 자리

처음에는 죽음 앞에서 또는 가난이나 이별 같은 고통 속에서 묻습니다. 사는 게 뭘까? 왜 살지? 나는 도대체 뭐지? 하지만 이 고통이 근본적으로 어디에서 올까, 존재가 뭘까, 아무리 물어도 답이 안 나옵니다. 그래서 하나님이나 부처님, 마호메트한테 매달리는 것입니다.

나는 누굴까? 잘 모릅니다. 지금이 언제인가? 유한한 기록상의 날짜가 아니라 우주 이전이나 지구 탄생 이전부터 따지면 지금이 언제인지 알 수 없습니다. 이곳이 어디인가? 무한우주 속에서, 무변허공 속에서 여기가 어디라고 똑 부러지게 말할 수 없습니다. 무엇을 위해, 왜 사느냐 역시 마찬가지입니다. 육하원칙에 따라 제대로 대답할 수 있는 게 없습니다.

수행하는 이유가 여기에 있습니다. 모름의 문제를 해결하기 위해서입니다. 선문(禪門)에서 말하는 간화(看話)가 그것입니다. 뭘까? 지극히 묻고, 또 묻다 보면 물음에 빠지고, 물음 속으로 들어가 버립니다. 선문에서는 의심(疑心), 의정(疑情), 의단(疑團),[1] 이렇게 표현합니다.

결국 이 물음은 답이 없습니다. 물음 속으로 지극히 들어가다 보면 오직 모름만 남습니다. 모름 속에서 일체의 앎이 끊어집니다. 앎이란 내가 처한 환경 속에서 받아들인 정보입니다. 하지만 이는 주관적인 것일 뿐입니다. 그렇게 받아들여진 앎을 불교에서는 업(業)이라고 합니다.

모름 속으로 들어가다 보니까 앎이 끊어지고, 오직 모름만 남은 자리, 알 수 없는 그 자리가 바로 본성(本性)의 자리입니다. 그래서 깨달음은 위대하고 성스럽고 거룩하고 휘황찬란한 것이 아닙니다. 모름과 앎이 모두 끊어진 자리를 '턱' 알아채는 것입니다. 그것이 깨달음입니다. 알 수 없는 그 자리를 깨닫게 되면 그다음부터는 알려고 묻는 것이 아닙니다. 더 모르기 위해 간절히 물어갑니다.

---

1 마음속에 스스로 의문이 생기는 것을 의심(疑心)이라고 하고, 의심하고 또 의심하여 마음이 온통 의심덩어리로 하나가 되는 것을 의정(疑情)이라고 한다. 의정이 더욱더 뭉쳐서 단단하게 굳으면 앉으나 서나 오고 가나 의심덩어리가 한결 같아지는데 이를 의단독로(疑團獨露)라고 한다.

뒤돌아보지 말라

금을 찾아다니는 사람이 있습니다. 금은 번쩍번쩍 빛나는 것이라는 말을 듣고 온 산을 헤매고 다닙니다. 반짝거리는 뭔가를 발견하고 쫓아갔지만 사금파리였습니다. 반짝거리는 걸 또 찾았지만 놋쇠였습니다. 그렇게 돌아다니다가 진짜 금광을 찾았습니다. 하지만 거기서 캐낸 금은 처음부터 순수하게 99.9% 순금이 아닙니다. 온갖 잡철이 섞여 있습니다. 그것을 용광로에 넣어 제련해야 비로소 금이 되는 것입니다.

깨달음도 이와 같습니다. 처음에는 금이 뭔지도 모르고 이리저리 돌아다니며 찾습니다. 이건가 저건가 속기도 합니다. 그러다 금을 찾았지만, 순금이 아닙니다. 이때부터 순금을 만드는 과정이 필요한 것입니다. 그 과정이 바로 깨달음의 실마리를 찾고 난 후의 수행인 것입니다.

이제부터 진짜 공부를 해나가야 합니다. 정말 애를 써야 하는 자리입니다. 잡철하고 돌멩이가 섞인 금을 용광로에서 제련하는 작업이야말로 이제까지 했던 과정보다 더 힘든 진짜 수행의 길입니다.

산을 오르는데 근기(根機)[1]가 낮은 사람은 3부 능선쯤 올라가면 뒤를 돌아다봅니다. 밑에서 올라오기 전보다는 그래도 멀리 보입니다. 이때 '와, 깨달았다' 만세를 부릅니다. 아직 올라갈 길이 까마득하다는 것은 본인도 잘 압니다. 근기가 수승(殊勝)[2]한 사람은 8부나 9부 능선까지 묵묵히 오릅니다. 그 정도만 해도 산 아래에서는 상상할 수 없던 경관이 열립니다. 하지만 정말 그릇이 큰 사람은 여기서도 안 돌아봅니다. 마침내 정상에 섰을 때 사방이 다 열리는 그 경지가 바로 진실한 깨달음의 경지입니다.

구약성경 창세기에 보면 소돔과 고모라가 불과 유황으로 심판받을 때, 롯에게 절대 뒤돌아보지 말고 도시를 떠나라고 했지만 롯의 아내가 뒤돌아보는 바람에 소금기둥이 됐다는 이야기가 나옵니다.
돌아다보면 소금기둥이 된다, 이것이 무슨 의미일까요? 돌아다보면 자기의 업력(業力)[3]으로 형성된 에고 때문에 굳어지는 것입니다. 사물을 보는 세계에 집착하면서 생각이 굳어지는 것을 '돌이 된다'라고 표현한 것입니다.

---

1 산스크리트어로는 'indriya'이며, 부처님의 가르침을 듣고 그대로 발동할 수 있는 능력을 뜻한다. 사람이 가지고 있는 근본적인 바탕, 즉 본성을 나무의 뿌리[根]에 비유하고 그것의 작용을 기(機)라고 한 것이다. 상근기(上根機), 중근기(中根機), 하근기(下根機)로 분류한다.
2 세상에 드물 만큼 아주 뛰어남을 뜻하는 말이다.
3 과보(果報)를 이끄는 업(業)의 큰 힘을 말한다. 업력은 마치 자기력(磁氣力)과 같아서 자기의 의지대로 되지 않고 자기가 지은 업을 따라 끌려간다. 선업에는 낙과(樂果)를 일으키는 힘이 있고, 악업에는 고과(苦果)를 일으키는 힘이 있다.

다시 또 묻노라, 이뭣고?

벨기에 동화《파랑새》를 아십니까? 어린 남매가 파랑새를 찾아 길을 떠납니다. 여기저기 물으며 찾아다니지만 결국 고생만 하고 집으로 돌아옵니다. 그런데 집에서 키우던 비둘기의 날개가 파란색이었습니다. 알고 보니 파랑새는 이미 집에 있었던 겁니다.

중국의 어느 여승이 쓴 오도송(悟道頌)[1]에도 비슷한 내용이 나옵니다.

> "종일 짚신이 닳도록 구름을 머리에 이고
> 봄을 찾아 온 산을 헤맸건만 봄은 못 찾고
> 집에 돌아와 앉아 서쪽 뜰을 바라보니
> 눈 속에 매화가 살짝 핀 것이 이미 봄은 와 있더라."
> 終日尋春不見春(종일심춘불견춘)
> 芒鞋踏破嶺頭雲(망혜답파영두운)
> 歸來笑撚梅花嗅(귀래소연매화후)
> 春在枝頭已十分(춘재지두이십분)

일을 하다가 무산되면 '에이, 도로 아미타불이네'라고 말합니다. 이것도 같은 이야기입니다.
어느 수행자가 큰스님을 찾아가서 공부를 물으니 "아미타불[2]을 십 년만 열심히 부르면 깨달음을 얻을 것"이라고 했습니다. 수행자가 열심히 아미타불을 부르다 보니 어느 날 자기가 아미타불이었습니다. 그래서 하는 소리가 "에이, 십 년 공부 도로 아미타불이네"였습니다. 다시 제자리로 돌아온 것입니다.

내가 나를 몰라서 나는 뭘까? 누굴까? 하고 물으며 출발했는데, 고생 끝에 돌아보니 알 수 없는 물음 속에 모든 앎이 끊어지고 무너진 것입니다. 하늘에 구름이 달을 가리고 있는데 구름만 없어지면 달은 저절로 드러나는 법입니다. 이는 나의 번뇌 망상으로 비롯된 망령들이 없어지는 것을 뜻합니다.

이를 경허 스님은 이렇게 표현했습니다.

> "마음달 외로이 홀로 둥근데
> 그 빛이 삼라만상을 다 삼켰도다.
> 빛과 만상이 모두 홀연히 사라졌으니
> 다시 또 묻노라, 이뭣고?"
> 心月孤圓(심월고원)
> 光吞萬象(광탄만상)

光境俱亡(광경구망)
復是何物(부시하물)[3]

이 물음이야말로 역대 조사, 부처, 온갖 성인이 다 나온 자리입니다.
일체중생도 이 물음에서 나왔습니다.

1 게송(偈頌)의 하나이다. 게송이란 불교의 가르침을 함축하여 표현하는 운문체의 짧은 시구를 말하는데, 게송 중에서 고승이 자신의 깨달음을 노래한 것을 오도송이라고 한다.
2 대승불교에서 서방정토(西方淨土) 극락세계에 머물면서 법(法)을 설한다는 부처로 수행 중에 모든 중생을 제도하겠다는 대원(大願)을 품고 성불하여 극락에서 교화하고 있다고 한다. 이 부처를 간절히 염(念)하면 죽은 뒤에 극락에 간다고 하는 것이 '나무아미타불'의 의미다.
3 경허 스님의 열반송이다. 경허 스님은 이렇게 임종게를 남기고 일원상(一圓相)을 그린 뒤 1912년 4월 25일 함경도 갑산에서 입적하셨다.

마음에서 힘을 빼라

저는 여름에는 수영을 자주 합니다. 젊은 시절에는 '내가 한강을 건널수 있을까?' 궁금해 팔당에서 헤엄쳐 한강을 건너가 보기도 했습니다. 나이 들어서도 동해안에서 바다 수영을 즐기곤 합니다. 수영할 때 물속에서 힘을 주면 그냥 가라앉습니다. 하지만 힘을 완전히 빼면 일부러 뜨려고 하지 않아도 저절로 뜹니다.

힘을 빼는 것은 모든 운동의 기본입니다. 야구선수가 스윙할 때 힘이빠져야 스윙이 부드럽습니다. 힘을 빼야 유연성도 나오고, 순발력도나오고, 임팩트 순간에 파워도 실릴 수 있습니다.

수행(修行)이란 마음에서 힘을 빼는 것입니다. 마음에서 힘을 뺀다는것은 마음속에 있는 분별심(分別心)¹을 비우는 것을 말합니다. 마음속의 고정 관념과 오랫동안 익혀온 지식과 정보, 길들어 있던 습관까지모두 버리는 것입니다. 업대로 살아가는 것이 운명에 속박되는 것이라면 수행은 그런 자신의 업을 벗어던지는 것입니다.

업을 벗어던지는 것이 바로 마음에서 힘을 빼는 것입니다. 힘이 들어가면 선입견에 눈이 가려져 제대로 볼 수 없습니다. 마음속에서 힘이빠져야 비로소 지혜가 들어설 자리가 생깁니다.

마음에서 힘을 빼는 가장 좋은 방법은 바로 '나는 누구인가'를 묻는 것입니다. 알 수 없는 그 물음 속으로 끝없이 몰입하다 보면 자연히 힘이 빠집니다. '안다'라는 생각을 모두 비워내면 '모른다'라는 생각만 오롯이 남습니다. 우리가 모름의 자리를 부정하고 자꾸 앎으로 문제를 해결하려 들다 보니 중생의 업력 속으로 계속 끌려가게 되는 것입니다.

수영할 때 몸에서 힘을 빼면 저절로 물에 뜨듯이 마음속에 있는 생각을 내려놓으십시오. 그러면 자연스럽게 '알 수 없는 의심' 하나만 뜨게 됩니다. 모든 앎이 끊어지고 완전히 힘이 빠진 자리, 완전히 비워진 그 자리가 바로 진정한 자유입니다.

---

1 분별시비하며 망상에 사로잡혀서 모든 현상을 나누고 구분하는 마음을 뜻한다. 본성을 잃지 않는 본래심에 대비해 현상을 대하면서 일어나는 중생심을 말한다.

얻기 위해서가 아니라 버리기 위해 묻다

중생의 업력(業力)이라는 것이 눈에 보이면 보이는 대로 쫓아갑니다. 귀에 들리면 들리는 대로 따라갑니다. 이렇게 오관(五官)[1]의 작용대로 몸이 움직인다면 어떻게 될까요? 끝없는 생각이 들고 나고 머릿속으로 오만 생각이 지나갑니다. 찰나에 생각이 오만 번 지나간다고 오만 생각이라고 합니다. 그런 생각들 속에서 알 수 없는 의문으로 집중해 가는 것이 간단치 않습니다.

노력해서 공부에 대한 견해(見解)를 얻었다면 그다음은 어떻게 해야 할까요? 견해를 얻기 이전에는 깨닫기 위해 묻습니다. 나는 누구일까? 어디서 왔을까? 물으며 깨달음을 향해 나아갑니다.

하지만 견해를 얻은 다음에는 얻기 위해서가 아니라 버리기 위해 물어야 합니다. 알고 있는 것을 버리기 위해, 내가 가지고 있는 견해를 비우기 위해 물어가야 합니다. 스스로 달라지기를 바라면서 나를 향해 '이뭣고'를 물어갔다면 그다음부터는 어떻게 해서든지 버려야 합니다.

절 집안에서는 마음을 비워라, 쉬어라 합니다. 내려놓으라고 합니다. '조고각하(照顧脚下)'[2]라는 말도 있습니다. 이 말은 단순히 발밑을 보라는 게 아닙니다. 바로 너 자신을 보라는 말입니다. 순간순간 깨어 있으라는 뜻입니다.

구하거나 바라거나 얻고자 하는 것이 없는 상태, 버리고 버린 상태가 수행의 자리입니다. 순수한 물음에 욕심이 붙어버리면 이미 그것은 아닙니다. 욕망의 세계로 빠져드는 것입니다. 특히 도를 구하고 자비를 베풀겠다는 욕심은 좋은 욕심이기 때문에 버리기가 더 어렵습니다.

확철대오(廓徹大悟),[3] 깨달음, 부처, 성품(性品) 등 무거운 전제들을 등에 잔뜩 지고 물었던 것이 이제까지의 물음이었다면 물어서 뭔가 이룬다는 생각조차 일절 없이 가장 순수한 마음으로 돌아가야 합니다. 그것이 물음의 진정한 의미이며 가치입니다.

---

1 인체에 있는 5개의 감각기관, 즉 눈·코·입술·혀·귀를 말한다. 또한 오관은 오장과도 연결돼 있다. 코는 폐(肺), 눈은 간(肝), 입술(입)은 비(脾), 혀는 심(心), 귀는 신(腎)의 관이라고 본다.
2 자기 발밑을 잘 보라는 뜻의 사자성어로 남을 비판하기 전에 자기 자신을 돌아봐야 함을 나타낸다. 불교에서는 밖에서 깨달음을 구하지 말고 자신에게서 구하라는 의미로도 쓴다.
3 일체의 불법을 꿰뚫어 통달한 대오견성을 이르는 말이다. 확철대오를 하면 가슴속이 환하게 밝은 것이 수백 수천 개의 태양이 뜬 것과 같다고 한다.

다만 알지 못함을 아는가?

제 처소에는 단지불회(但知不會)라는 문구가 적힌 소박한 액자가 걸려 있습니다. 인천 용화사에서 안거를 할 적에 송담 스님께서 특별히 써 주신 글씨입니다.

원래는 단지불회 시즉견성 여덟 글자로, 보조국사 지눌(知訥)[1] 스님의 《수심결》에 나오는 유명한 구절입니다. 수행에 대한 저의 생각을 잘 표현하고 있기에 수시로 보면서 마음에 새겨두고 있습니다. 봉은사에서 나온 뒤 신도들과 만든 모임의 이름도 '단지불회'라고 지었습니다.

> "다만 알지 못함을 아는가.
> 그것이 바로 너의 성품을 본 자리다."
> 단지불회(但知不會)
> 시즉견성(是卽見性)

핵심은 앞의 네 글자, 단지불회에 있습니다. 뒤에 나오는 시즉견성은 왠지 예쁜 시골 처녀의 얼굴에 다시 분칠한 것 같습니다. 이미 단지불회만으로 모든 것을 설명하고 있습니다.

부처님 가르침의 핵심은 결국 '어떻게 하면 진리에 도달할 수 있을까'

입니다. 그러면 진리는 어디에 있을까요? 진리는 지극한 모름의 자리에 있습니다. 다만 알지 못한다는 것은 사물을 보는 나의 견해에 대해 확신하지 않는 태도를 의미합니다. "내가 아는 게 있다면 내가 나를 모른다는 사실"이라며 "너 자신을 알라"고 설파한 소크라테스의 말과도 의미가 통합니다.

진리에 대해 확신하지 않는 태도야말로 확신할 수 있는 진리에 도달하는 가장 바른 방법입니다. 진리에 대한 확신 때문에 얼마나 많은 갈등과 대결, 충돌이 빚어졌습니까? 전부 다 자기 나름의 확신을 가지고 부딪친다면 거기에서부터 갈등이 일어납니다. 집단의 경우 전쟁까지 일으킵니다. 인류 역사에서 가장 비참한 일이 종교전쟁입니다.

모름의 상태는 어떤 판단이나 규정에 매몰되지 않는 것입니다. 이것만이 옳다고 확신하지 않는 것입니다. 과연 이것이 옳은가 묻는 성찰(省察)의 자리가 바로 지극한 모름의 자리입니다. 아무런 성찰도 없이 단순히 '내려놓아라' '버려라' '비워라' 해서는 모름의 상태로 들어갈 수 없습니다. 여전히 업(業)대로 살아갈 뿐입니다.

1 지눌 스님(1158-1210)은 고려 중기 귀족들과 결탁해 대토지를 소유하고 고리대금업을 일삼던 타락한 불교에 맞서 송광사에서 '수선사'라는 신앙결사운동을 일으키면서 대대적인 개혁을 이끌었다. 참선을 중요시하는 선종을 중심으로 경전 공부를 중요시하는 교종을 아우르는 조계종을 창시했고, 정혜쌍수와 돈오점수의 수행 방법을 중시했다.

2 《수심결》(修心訣)은 지눌 스님이 지은 책으로 마음을 닦는(수심) 바른길을 명쾌하게 제시하고 있어 일찍부터 국내외의 주목을 받았다. 명·청의 중국판《대장경》과 일본의《대정신수대장경》에도 내용이 수록되어 있다.

원리전도몽상(遠離顚倒夢想)
구경열반(究竟涅槃)

저는 걸망 지고 돌아다니면서 불교를 배웠습니다. 제 마음속에 스승으로 모신 분들도 계시지만 그분들께 세세한 경전의 해석을 배우지는 못했습니다. 혼자서 막공부를 한 셈이지요. 그렇다 보니 경전 해석도 제 주견대로 막 합니다.

제 견처(見處)의 중심은 반야심경(般若心經)[1]에 나오는 '원리전도몽상(遠離顚倒夢想) 구경열반(究竟涅槃)'이란 구절입니다. '원리'는 멀리 떠난다는 뜻입니다. '전도'는 거꾸로 뒤집힌다는 의미이고, '몽상'은 헛된 생각을 말합니다. 따라서 '원리전도몽상'이란 거꾸로 뒤집힌 헛된 생각으로부터 멀리 떠난다는 뜻입니다.

무엇이 헛된 생각일까요? 중생의 업견(業見)[2] 업식(業識)[3]으로 바라보는 관점들, 개인의 에고가 빚어낸 세계관을 말합니다. 여기에서 벗어나면 '구경열반', 즉 가장 높은 경지의 열반[4]에 이르는 것입니다. 잘못된 생각을 비워낸 그 자리가 바로 열반의 자리라는 의미입니다.

그렇다면 우리가 가지고 있는 잘못된 세계관을 통째로 비워내면 뭐가 남을까요? 참다운 비움이 곧 묘유입니다. 이를 진공묘유(眞空妙有)라고 합니다. 텅 비움으로써 비로소 꽉 채울 수 있는 것입니다.

우리가 인생을 주체적으로 사는 방법은 '원리전도몽상'에 있습니다. 이것이야말로 우리가 살아가면서 남한테 속지 않고, 세상에 속지 않고, 자신에게도 속지 않는 방법입니다. 중요한 것은 어떻게 비울 것인가, 어떻게 힘을 뺄 것인가의 문제입니다. 여기에서 수행이 나옵니다. 조계종에서는 간화선(看話禪)을 종지로 삼아 수행을 합니다.

어느 절에 가면 수행한다고 14시간씩 짭니다. 그러면 밤 10시에 자고 새벽 2시에 일어나야 합니다. 밥 먹고 돌아서면 또 들어와 앉아야 합니다. 인간의 몸은 한계가 있습니다. 꾸벅꾸벅 졸기 바쁩니다. 무릎도 상하고 허리도 남아나지 않습니다. 그런데 예전에는 8시간씩 정진했습니다. 나머지는 묵언하고 산행하고 만행(萬行) 다니면서 살아 있는 공부를 하라고 했습니다. 지금은 많이 앉아 있으면 제일인 줄 압니다.

그렇게 혹독하게 수행해서 과연 제대로 된 수행자가 나왔나요? 조실,

방장이 그렇게 많은데도 수행력을 갖춘 큰스님이 지금 존재합니까?
원리전도몽상 없이 구경열반만 되뇌고, 진공 없이 묘유만 찾은 잘못
된 결과입니다.

1 불교 경전 가운데 가장 많이 알려지고, 또 예불이나 각종 의식에서 독송 되는 경전이다. 원래 명칭은 마하반야바라밀다심경(摩訶般若波羅蜜多心經)이다. 불과 260자밖에 되지 않는 짧은 경문이지만 불교의 핵심 내용을 간결하고도 풍부하게 응축하고 있다.

2 업에 따라 형성된 견해, 개인의 생각과 주관에 따라 일면만 바라볼 수밖에 없다.

3 오의(五意)의 하나로 무명번뇌(無明煩惱)에 의해 일어나는 그릇된 마음 작용을 뜻한다.

4 수행에 의해 진리를 체득하여 일체의 속박에서 해탈한 최고의 경지를 의미한다. 열반이란 산스크리트의 '니르바나'의 음역인데, '불어서 꺼진 상태'라는 의미다. 즉, 타오르는 번뇌의 불꽃을 지혜로 꺼서 일체의 번뇌가 소멸된 상태를 가리킨다.

5 불교의 근본 교리 가운데 하나인 공(空)은 이 세계의 만물에 고정 불변하는 실체가 없음을 표방하는 개념이다. 즉, 이 세계의 만물은 다양한 인(因)과 연(緣)의 조합으로 생성되는 것이지 고정 불변의 실체로 존재하는 것이 아니라는 뜻이다. 진공묘유는 이러한 공이 사물 자체의 존재 양상임을 나타내는 말이다.

6 불교에서의 선(禪) 수행방법 중 화두(話頭)를 들고 수행하는 참선법으로 우리나라 불교 역사 속에서 가장 큰 영향력을 끼친 선수행법이다.

2

마음달 홀로
천강을 비추다

나는 누구인가?

철학에 대한 근본 물음은 '죽음'에 대한 물음입니다. 죽음에 대한 두려움과 공포를 딛고 죽음이란 뭘까 끝없이 물어갈 때, 우리는 비로소 큰 물음에 도달할 수 있습니다. '죽음이 뭐냐?'는 물음은 다시 '왜 살까?' '어떤 게 잘 사는 걸까?' '나는 누구인가?'라는 물음으로 이어집니다.

큰 물음은 아무리 물어도 대답 없는 물음입니다. 큰 물음이 큰 인간을 만듭니다. 아득해지고 공허해지는 물음들 속에서 우리는 큰 불안을 느끼게 되고, 이러한 큰 불안이 우리를 큰 해방으로 이끌어갑니다.

> "우주 만물이 하나로 돌아가는데,
> 그 하나는 어디로 돌아가는가?"
> 萬法歸一(만법귀일)
> 一歸何處(일귀하처)[1]

만법은 결국 '나는 누구인가?'라는 물음으로 다시 돌아옵니다. '나는 누구인가?' '나는 뭘까?' 이 물음이야말로 그동안 알고 있던 모든 지식을 한 번에 쳐서 날려버리는 쇠몽둥이입니다. 그게 바로 화두(話頭)[2]입니다.

열아홉 살 여름, 입시 준비를 위해 찾은 무주구천동 관음사에서 맞닥뜨린 물음이 '나는 누구인가?'였습니다. 그 물음 하나가 제 인생을 바꿔 놓았습니다. 아직도 저는 그 물음의 답을 찾기 위해 묻고 또 묻습니다. 그 물음 속에 일체의 진리가 담겨 있습니다.

깨달음에 대한 욕망

절집에 들어와서 공부하다 보면 깨달음을 얻어야겠다, 도를 이루어야 겠다는 욕망이 붙습니다. 하지만 순수한 물음은 바라지 않는 것입니다. 구하지 않는 것이 간절하고 치열한 물음입니다. 오직 물음 하나로 며칠을 보내며, 순수하고 간절하고 치열하게 우러나야 진짜 물음이 요, 공부입니다.

나쁜 가치에 대해서는 누구나 벗어날 수 있습니다. 하지만 종교처럼 좋은 가치에 갇히면 벗어나기 힘듭니다. 불교나 부처 같은 좋은 가치 가 더 무서운 굴레가 되는 것입니다. 깨달음을 구하고 부처가 되길 바 라는 것도 욕심입니다. 이러한 것은 좋은 욕심이기 때문에 버리지도 못합니다. 없어지지도 않습니다.

선업(善業)에 묶여 있는 것은 명주실로 부드럽게 짠 밧줄로 나를 묶어 놓은 것과 같고, 악업(惡業)에 묶여 있는 것은 가시가 촘촘히 박힌 철 조망으로 나를 묶어놓은 것과 같다고 했습니다. 아무리 보드라운 밧 줄에 묶여 있어도 묶여 있긴 매한가지입니다.

도를 이루기를 바라고, 깨달음을 구하기를 바라고, 확철대오(廓撤大 悟) 하겠다는 욕심이 붙으면 더 큰 공부의 장애가 됩니다. 구하려는 마음이 있으면 이미 어긋난 것입니다.

근원에 대한 물음이 끝없이 다가왔던 시간, 구하는 바 없이 바라는 바 없이 절대적 진리성을 향해 물었던 그 시절, 그 물음을 온전히 가지고 있는 사람은 칠십 팔십이 되어도 사춘기입니다. 그 물음이 끊어진 사람은 이삼십 대라도 '꼰대'입니다.

이름 없는 잡초란 없다

산에 가다가 이름 없는 꽃이나 나무들을 보면 잡초, 잡목, 이렇게 부릅니다. 저는 그렇게 부르는 게 못마땅합니다. 우리가 이름을 모를 뿐이지 이름이 없는 게 아니니까요. 또 사람이 지어준 이름이 중요한 것도 아닙니다.

허드렛일하는 사람을 잡부라고 하듯이 '잡'(雜)이라는 말은 주로 안좋은 쪽으로 사용됩니다. 살아보려고 긴 겨울 견뎌내고 눈 속을 뚫고 올라온 꽃을 왜 자꾸 잡초라고 부릅니까? 아무도 봐주지 않고 알아주지도 않지만, 홀로 피어서 바람 불면 흔들리고, 비가 오면 비를 맞고, 달을 보며 별을 보며 구름과 함께 흘러가다 홀로 지는 꽃, 과연 그런 꽃은 의미가 없을까요?

온실에서 잘 가꾸어낸 장미, 백합, 국화…. 행사장을 치장하는 아름다운 꽃들과 이름 모르는 꽃들의 차이는 무엇일까요? 산에서 홀로 피고 제 맘대로 흔들리다 지는 꽃과 행사장에 장식됐다가 쓰레기통으로 들어가는 꽃, 과연 어떤 꽃이 진정 행복한 꽃일까요? 우리는 왜 혼자 흔들리는 꽃에 대해서는 행복하다고 생각하지 않나요?

사람 사는 것도 그렇습니다. 내가 만족하고, 내가 즐거운 행복을 찾는 것이 아니라 남들이 나를 어떻게 볼까, 타인의 시선을 행복의 기준으로 삼아 왔습니다. 넓은 아파트, 비싼 자동차, 이런 것들이 행복의 가치가 되는 바람에 코로나19와 지구 생태계 파괴가 나왔습니다.

제가 좋아하는 방탄소년단의 <러브 마이 셀프>라는 노래가 있습니다. 가사 내용을 보면 철학적 사유가 없으면 나올 수 없는 노래입니다. 나를 사랑하는데 왜 남의 눈치를 봐야 하나요? 나를 사랑하는데 왜 남하고 비교하나요? 남들의 평가 때문에 왜 기뻐하고 슬퍼하고 괴로워하나요? 이제는 자신의 가치를 만들고 존엄성을 높여야 합니다. 고통은 결국 스스로 만드는 것이기 때문입니다.

죽음보다 더 큰 스승은 없다

저는 여섯 살 때 어머니를 잃었고, 스물다섯 살 때 동생을 잃었습니다. 두 사람의 죽음은 세상의 그 어떤 것보다 큰 스승이었습니다. 어머니의 죽음은 저를 출가(出家)로 이끌었고, 동생의 죽음[1]은 수행의 길에서 벗어나지 않도록 버팀목이 되었습니다.

어머니의 죽음은 어린 시절 큰 고통으로 남았지만, 이제는 어머니 얼굴조차 기억에 없습니다. 하지만 동생의 죽음은 너무나도 생생합니다. 생사 확인을 위해 모여든 가족들로 아수라장이 된 진해의 해군본부⋯. 시신을 확인하고, 화장하면서 쏟아내던 가족들의 절규⋯. 아비지옥(阿鼻地獄)[2]이 따로 없었습니다.

세월호 유가족들한테 막말한 정치인들, 국회의원들⋯. 교통사고다, 할 만큼 했다, 시체팔이 한다 했던 자들⋯. 천벌을 받을 겁니다. 저는 동생인데도 가슴이 무너지는데 부모들은 애간장이 녹습니다. 맛있는 걸 봐도 좋은 곳에 가도 자식 생각뿐입니다. 그게 부모입니다.

동생의 49재를 마치고 원(願)을 세웠습니다.

'깨달음이라는 환(幻)은 결코 내가 가고자 하는 길이 아니다. 석가모니 부처님이 나를 무동 태우고, 문수보살(文殊菩薩)³과 보현보살(普賢菩薩)⁴이 양옆에서 나를 부축하고, 지장보살(地藏菩薩)⁵이 등을 떠밀고, 하늘에서 꽃비가 내려도, 나는 그 길을 선택하지 않겠다. 나고 죽는 것에 대한 근본이 무엇일까, 나란 무엇인가, 실체적 존재를 깨닫는다면 하루 천 번을 끓는 기름 가마솥에 들어가더라도, 만 번을 쇠꼬챙이로 내 몸을 찌르는 지옥고(地獄苦)를 받는다 해도, 그 문제만 해결된다면 나는 지옥을 가지, 그것을 모르는 극락이나 천국을 가지 않겠다.'

결국 다시 절에 들어가는 것 말고는 길이 없었습니다.

---

1 명진 스님보다 네 살이 어렸던 동생은 해군에 입대해 통영 앞바다에서 훈련을 받다 배가 침몰하면서 세상을 떠났다. 1974년 2월 해군 예인정 YTL의 침몰 사고로 훈련병 316명 중 159명이 죽거나 실종됐다.

2 뜨거운 열로 고통을 받는 여덟 지옥(八熱地獄)의 하나로 무간지옥(無間地獄)이라고도 한다. 아버지를 죽인 자, 어머니를 죽인 자, 아라한을 죽인 자, 승가의 화합을 깨뜨린 자, 부처의 몸에 피를 나게 한 자 등 지극히 무거운 죄를 지은 자가 죽어서 가게 된다는 지옥이다. 살가죽을 벗겨 불 속에 집어넣거나 쇠매〔鐵鷹〕가 눈을 파먹는 등의 고통을 끊임없이 받는다고 한다.

3 불교에서 지혜를 상징하는 보살. 보현보살과 더불어 부처를 양옆에서 모시는 협시보살(脇侍菩薩)로 일체보살의 으뜸이 된다.

4 진리와 수행의 덕을 상징하는 보살로 석가의 중생 제도를 돕는다.

5 지옥에서 고통받는 중생이 하나라도 있으면 나는 성불하지 않겠다는 원을 세우고, 지옥문 앞에서 눈물을 흘리고 있다는 보살

구름 가듯 물 흐르듯

어머니가 세상을 떠난 후 아버지의 사업도 내리막길을 걸었습니다. 그때부터 우리 가족은 걸핏하면 이사했습니다. 초등학교를 여섯 군데, 중학교를 두 군데나 옮겨 다녔습니다. 전학을 가면 항상 애들이 텃세를 부렸습니다. 그럴 때마다 죽기 살기로 싸웠습니다. 방랑의 삶을 살아서인지 정서적으로 불안정한 어린 시절을 보냈습니다. 그런 날들이 출가 생활에는 큰 힘이 되었는지도 모릅니다.

중이 되고 나서도 한곳에 머무르지 못했습니다. 성철 스님의 백련암에서 행자(行者)[1] 생활을 하다 수계식(受戒式)[2] 닷새 전에 뛰쳐나왔습니다. 탄성 스님께 계를 받고도 알 수 없는 물음을 좇아 발길 닿는 대로 전국을 떠돌았습니다.

어디를 향해 떠난다는 건 굉장히 불안한 일입니다. 하지만 낯선 곳을 향해 갈 때의 긴장감 속에는 새로운 것에 대한 호기심도 있습니다. 그 때문에 묘한 흥분과 기대감도 생깁니다.

새로운 사람, 새로운 환경을 향해 걸어가는 길 자체가 수행입니다. 안정되고 편안한 생활을 버리고 새로운 물음을 향해 나아가기 때문입니다. 여행도 짜져 있는 틀 속에서 다니는 건 진짜 여행이 아닙니다.

구름 가듯 물 흐르듯 가는 길에는 미지에 대한 두려움, 새로운 것에 대한 설렘이 응축되어 있습니다.

익숙한 것에서 탈피하십시오. 그것이 수행의 첫걸음입니다.

---

1 불도를 수행하는 사람을 뜻하는 말로, 주로 계(戒)를 받기 전에 일정 기간 동안 절에서 잡일을 하면서 수행하는 사람을 일컫는다.

2 수계는 불교에서 재가(在家)신도나 출가(出家) 수행승의 구별 없이 석가의 가르침을 받는 자가 지켜야 할 계율에 대한 서약을 말하며, 이에 대한 의식을 수계식이라고 한다. 그중 가장 엄격한 것은 비구(니)가 되기 위하여 구족계(具足戒)를 받을 때의 의식이다

물음의 종교, 믿음의 종교

불교는 물음의 종교입니다. 나는 누구인가? 사는 건 무엇이고 죽는 건 무엇인가? 어떻게 살아야 잘 사는가? 이런 물음을 치열하게 던지며 자신을 성찰하는 것이 불교입니다. 본질적이고 근원적인 문제를 풀기 위해서는 스스로 묻고 또 물어야 합니다. 그 물음이 던져주는 막막함이 끊어지지 않도록 계속 물어가는 것이 참선(參禪)이고, 수행(修行)입니다.

다른 종교에서는 그것을 신에게 의지합니다. 인간이 스스로 해결할 수 있는 문제가 아니라고 봅니다. 신의 뜻이라고 믿습니다. 한마디로 믿음의 종교인 것입니다. 알 수 없는 오묘한 작용을 하는 절대적인 힘이 있다고 믿고, 그 절대자에게 근원의 문제를 맡깁니다. 그래서 믿음으로 구원(救援)을 얻으려고 합니다.

어머니가 세상을 떠나고, 새로 집안에 들어온 새어머니는 독실한 기독교 신자였습니다. 새어머니를 따라 어렸을 때부터 교회를 열심히 다녔습니다. 그때는 나의 고통과 불행이 무엇 때문인지 늘 궁금했습니다. 목사님들은 이렇게 대답하곤 했습니다.

"너를 훗날 크게 쓰기 위해 하나님이 시험에 들게 한 것이다."

하지만 왜 나만 그런 시험을 쳐야 하는지 이해할 수 없었습니다.

고3 여름방학 때, 입시 공부를 위해 찾은 절에서 만난 젊은 스님이 내게 말했습니다.

> "자기가 누구인지도 모르면서 대학을 가면 뭐하고, 영어
> 잘하고 수학 공식 많이 알면 뭐하나."

그 말에 감전된 것 같은 충격을 받았습니다. 그 물음에 모든 것을 내려놓고 출가를 결심했습니다.

내가 누구인지 끝없이 물어갈 때 부처님은 내게 오십니다. 그렇지 않고 부처님을 절대적인 존재로 여기고 부처님에게 나의 문제를 맡겨버린다면 내 안에 부처님이 들어올 자리는 없습니다.

첫 깨달음, 그러나…

감옥에 갈 정도로 사회운동에 적극적으로 참여했지만 '내가 시국 문제를 해결하기 위해 머리를 깎았던가?' 하는 생각이 들었습니다. 고심 끝에 다시 선방에 들어가기로 했습니다. 수행에 몰두했던 마음의 고향, 봉암사로 향했습니다. 삼 년 결사(結社)를 단단히 결심하고 방부(房付)¹를 들인 어느 날, 선방 스님들끼리 나누는 이야기를 들었습니다.

> "명진이 저 사람은 도대체 뭐 하는 사람이야. 툭하면 서울
> 로 올라가 운동한답시고 돌아다니다가 또 툭하면 선방에
> 내려오고…. 뭘 하자는 건지 알 수가 없어."

과연 나는 누구인가. 갑갑함이 밀려왔습니다. 분한 마음이 들었습니다. 다시 시작하기로 했습니다. 마음을 다잡고 정진에만 몰두했습니다. 새벽에 눈을 떠서 밤에 잠이 들 때까지 오직 '나는 누구인가'를 묻고 또 물었습니다. 그렇게 한 달여가 지났습니다. 어느 날 봉암사 옥석대로 포행(布行)²을 나갔다가 내려오는 길이었습니다. 흐르는 물을 물끄러미 바라보다 나도 모르게 무릎을 탁 쳤습니다.

> "바람이 불고 구름이 날아와도 허공에 흔적이 남지 않고
> 천년 물에 씻긴 바위의 모습이 오히려 더욱 뚜렷하구나.

누가 조사가 서쪽에서 온 뜻을 묻는가.
간밤 눈 덮인 산에 산새 울음소리가 그윽하구나."
風磨雲飛天無痕(풍마운비천무흔)
蒼浪嚙石猶如骨(창랑교석유여골)
何問祖師西來意(하문조사서래의)
昨夜雪山哀鳥鳴(작야설산애조명)

'허공에 구름이 오고 가고, 천둥 번개가 치고, 눈이 내리고, 소나기가 쏟아져도 흔적이 남지 않듯이 본래 우리 성품의 자리도 똑같다. 기쁨, 슬픔, 괴로움, 고통, 증오, 온갖 심성(心性)이 움직이고 있지만, 시간이 지나면 텅 빈 그 자리 그대로일 뿐이다.'

순간 개운했습니다. 천하가 내 눈에 들어온 것 같았습니다. 바로 깨달음의 자리였습니다. 하지만 시간이 지나고 보니 본래 깨달을 게 없는 자리를 깨달았다고 착각한 것에 불과했습니다. 토끼 뿔 같은, 거북 등에 털 같은 깨달음이었던 것입니다.

---

1 선방에 안거를 청하거나 객승으로 남의 절에 가서 있기를 부탁하는 것을 말한다.
2 좌선하는 중간에 잠시 걷는 것을 포행이라고 한다. 경행(經行) 또는 행선(行禪)이라고도 하며, 걷더라도 늘 참선하는 마음으로 걸어야 한다.

인생은 나그네 길

저는 노래 부르는 걸 좋아합니다. 불우했던 어린 시절과 질풍노도의 청소년기를 보낼 때 노래가 큰 위안이 되었습니다. 제가 가장 좋아하고 잘 부르는 노래는 한국의 냇 킹 콜[1]이라고 불리는 최희준 선생의 〈하숙생〉입니다. 중학교 2학년 때 라디오 연속극에 나오던 노래였는데 마치 나를 위해 만든 노래처럼 사무쳤습니다. 특히 가사가 그렇게 가슴에 와닿을 수 없었습니다.

> "인생은 나그네 길 어디서 왔다가 어디로 가는가
> 구름이 흘러가듯 떠돌다 가는 길에
> 정일랑 두지 말자 미련일랑 두지 말자
> 인생은 나그네 길 구름이 흘러가듯
> 정처 없이 흘러서 간다."

나중에 보니 기가 막힌 법문(法問)이었습니다. 절집에서 즐겨 외는 게송(偈頌)과 꼭 일치했습니다.

> "빈손으로 왔다가 빈손으로 가는 것, 이것이 인생이다
> 삶은 어디서부터 왔는가?
> 죽으면 어디로 가는가?

삶은 한 조각 뜬구름 일어나는 것이며
죽음은 한 조각 뜬구름 스러지는 것이네
뜬구름이란 건 본래 실체가 없는 것
나고 죽고 오고 가는 것도 그와 같다네
오직 한 물건만은 홀로 뚜렷하여
생사를 따르지 않고 담연하다네"
空手來空手去是人生(공수래공수거시인생)
生從何處來(생종하처래)
死向何處去(사향하처거)
生也一片浮雲起(생야일편부운기)
死也一片浮雲滅(사야일편부운멸)
浮雲自體本無實(부운자체본무실)
生死去來亦如然(생사거래역여연)
獨有一物常獨露(독유일물상독로)
湛然不隨於生死(담연불수어생사)

정태춘 선생이 부른 <떠나가는 배>도 마찬가지입니다. "저기 떠나가
는 배 거친 바다 외로이 겨울비에 젖은 돛에 가득 찬바람을 안고서…."
걸망 지고 쓸쓸하게 사찰 문밖을 나서며 도를 구하러 떠나는 수좌의

68

뒷모습이 보이는 듯합니다. 때론 무상하고 덧없고 쓸쓸하고 외로운 우리의 심정이 담겨 있습니다. 삶의 근원적 문제에 대해 끝없이 궁구(窮究)하고 묻게 합니다. 그래서 저는 반야심경보다 이런 노래들을 더 많이 불렀습니다.

1 냇 킹 콜(1919-1965)은 20세기 중반 미국의 흑인 재즈 피아니스트이자 가수. 부드러운 중저음으로 큰 인기를 얻었다.

철학적 사유와 자유

프랑스 조각가 로댕의 <생각하는 사람>을 보면 얼마나 자기 내면에서 깊게 철학적인 사유(思惟)를 하고 있는가, 그 느낌이 전달됩니다. 삼국 시대에 만들어진 미륵반가사유상도 마찬가지입니다. 끝없는 사유의 기운이 그대로 전달됩니다. 그렇다면 생각이란 뭘까요? 데카르트가 '나는 생각한다, 고로 존재한다'라고 했을 때, 그때의 생각이란 본능적인 일차원의 생각이 아니라 철학적 사유를 이야기한 것입니다.

인간이 짐승하고 다른 것은 철학적 사유를 할 수 있다는 점입니다. 철학적 사유란 무엇일까요? 사람이 뭘까? 왜 살까? 어떻게 살까? 이처럼 자기 존재에 대한 물음을 말합니다.

배고프면 먹으려고 하는 것은 인간이나 짐승이나 똑같습니다. 재물 욕심은 짐승도 갖고 있습니다. 다람쥐도 도토리를 쌓아놓고, 여우도 땅을 파고 먹을 것을 묻어놓습니다. 색욕도 마찬가지입니다. 식물도 암수가 있어서 열매를 맺고, 쇳덩어리도 플러스, 마이너스가 만나면 끌어당깁니다. 오욕(五慾)이라고 식욕, 색욕, 재물욕, 명예욕, 수면욕은 짐승도 가지고 있습니다. 결국 사람하고 짐승의 차이는 생각에 있는 것입니다.

사람만이 자기 존재에 대한 철학적 물음을 던질 수 있습니다. 그런 물음이 인류의 문명을 계속 발전시켜 왔습니다. 우주 끝까지 가면 뭐가 나올까? 이런 물음이 우주과학으로 발전했습니다. 물질을 잘게 쪼개면 뭐가 나올까? 이런 물음이 화학을 성립시켰습니다. 인간의 슬픔을 그린 그림에도, 인간의 괴로움과 무상을 표현한 음악에도, 철학적 사유가 담겨 있습니다. 철학적 사유의 담론이 들어가지 않으면 학문이 될 수 없습니다.

간절한 존재에 대한 철학적 사유 속에서 인간은 해방의 길, 해탈의 길로 나아갈 수 있습니다. 해방(解放)은 주로 육체적 속박에서, 해탈(解脫)은 정신적 속박에서 벗어나는 것을 뜻합니다. 인간을 속박하는 것은 권력, 이념, 사상뿐만 아닙니다. 종교도 마찬가지입니다. 부처님의 사상, 기독교라는 틀도 마찬가지입니다. 그러한 속박으로부터 완벽하게 벗어나는 것을 우리는 자유(自由)라고 부릅니다. 인간의 철학적 사유는 바로 자유를 위해 존재하는 것입니다.

불교의 감옥에서 우리는 탈출했는가?

전 세계에서 가장 많은 사람이 본 영화가 <쇼생크 탈출>[1]이라고 합니다. <쇼생크 탈출>은 인간에게 자유가 어떤 의미인지 알려주는 소중한 영화입니다. 망치 하나로 20년 동안 벽을 뚫고 감옥을 탈출한 주인공 앤디가 두 팔을 벌린 채 쏟아지는 빗줄기를 맞으며 '프리덤'(freedom)을 외치는 장면은 모든 이에게 깊은 감명을 주었습니다.

그런데 저는 브룩스의 이야기가 더 여운이 남습니다. 50년 동안 감옥살이를 하던 브룩스는 마침내 가석방 통지를 받았습니다. 꿈에도 그리던 자유가 주어졌는데도 브룩스는 교도소에 남으려고 안간힘을 씁니다. 칼을 들고 동료 재소자를 위협하며 난동을 부립니다. 다들 브룩스가 미쳤다고 하자 레드가 말합니다.

"브룩스는 안 미쳤어. 교도소에 길들어 있을 뿐이야."

너무 오랫동안 감옥에서 살다 보니까 감옥이 익숙해진 것입니다. 브룩스에게는 밖으로 나가는 것 자체가 엄청난 두려움과 공포였습니다. 출소한 브룩스는 결국 가석방된 사람들이 머무는 숙소에서 '브룩스 여기 있었다'라고 쓰고는 의자를 발로 차서 스스로 목매달아 죽습니다. 저는 이 장면이 너무나 인상적이었습니다.

삶이란 끊임없는 선택의 연속입니다. 어떤 삶을 선택할 것인가? 묶여 있지만 익숙한 삶인가? 불안하지만 자유로운 삶인가? 자유로운 삶은 막막하고 불안합니다. 그래서 우리는 더욱 익숙한 삶을 좇습니다. 뭔지도 모르고 시키는 대로 따라갑니다.

쇼생크는 익숙함으로 포장된 채 우리의 삶을 규정하고 억누르는 의식의 감옥일지도 모릅니다. 거기에는 불교라는 감옥도, 기독교라는 감옥도 있습니다. 불교라는 고정된 틀에 갇혀 있지 말고 앤디처럼 쉼 없이 집요하게 그 틀을 깨고 자유를 찾아 나서야 합니다. 그것이 참 불교이며, 참 수행입니다.

---

1 <쇼생크 탈출>(The Shawshank Redemption)은 1994년에 개봉한 미국 영화로 스티븐 킹의 중편 소설 《리타 헤이워드와 쇼생크 탈출》을 각색한 것이다. 프랭크 다라본트 감독이 대본을 쓰고 연출하였으며, 팀 로빈스가 주인공 앤디 듀프레인 역을, 모건 프리먼이 앤디를 지켜보는 관찰자 레드 역을 맡았다.

영리한 사람, 미련한 사람

수행은 왜 할까요? 어떤 가치를 갖고 더불어 살까? 어떻게 하면 올곧은 길을 함께 갈까? 이런 목적과 방향이 있어야 출가도 수행도 의미가 있는 것입니다. 저는 비파사나와 같은 남방의 수행법에 관해서는 공부를 해본 적이 없습니다. 하지만 그렇게 공부할 수도 있겠다고 생각합니다. 염불이든 기도든 수행법은 달라도 진리의 세계에 함께 도달할 수 있다고 생각합니다. 다만 중요한 것은 끝없이 나를 향해 물어가는 마음가짐과 자세입니다.

큰비가 내려서 팔당댐의 문을 열어놓았습니다. 그런데 흐르는 그 물살을 헤엄쳐 올라가야 한다고 생각해봅시다. 과연 그게 올라가질까요? 자꾸 떠내려가겠죠. 그래도 헤엄쳐 올라가려고 열심히 애를 쓰는 사람이 있습니다. 다들 그 사람을 미련하다고 생각할 겁니다. '영리한' 사람이라면 둑방에 앉아 물이 좀 잦아지기를 기다렸다가 나중에 헤엄쳐 올라가려고 할 겁니다.

저도 이제까지는 둑방에 앉아 있다가 물살이 잦아지면 슬슬 헤엄쳐 올라가는 그런 길을 선택해왔습니다. 그게 현명하다고 생각했습니다. 그런데 떠밀려가면서도 줄기차게 헤엄쳐 올라가던 '미련한' 사람한테는 수영에 필요한 근육들이 어깨와 팔에 생깁니다. 물살이 좀 잦아

지니까 한 번만 물을 잡아줘도 죽죽 올라갑니다.

우리에게 중요한 것은 양수리까지 거슬러 올라가는 게 아닙니다. 내 몸에 수영 근육이 생기도록 하는 것이 중요합니다. 그런 사람은 동해에 갖다 놓아도 서해에 갖다 놓아도 헤엄쳐서 목적지를 찾아갑니다. 흘러 내려오는 센 물살에서도 방향을 잃지 않습니다. 편안하게 둑방에 앉아 물살이 잦아지기를 기다리던 사람은 조금만 헤엄쳐도 지칩니다.

수행도 이와 같습니다. 미련스러울 정도로 고집스럽게 어떻게 살까 물어가는 사람. 깨달음이니 견성(見性)이니 해탈(解脫)이니 하는 것은 그렇게 되거나 말거나 신경 쓰지 않고, 다만 내가 나를 모르기 때문에 나를 향해 끝없이 물어가는 사람. 바로 그 마음속에 수행의 본래 모습이 존재합니다.

1 비파사나(vipasyana) 수행법은 마음을 한 가지 대상에 집중하여 평안함을 얻기보다는 여러 현상들을 관조함으로써 통찰력을 얻는 수행법을 말한다. 스리랑카, 태국, 버마 등의 남방불교에서 성행하여 남방불교의 대명사가 되었다.

지옥과 극락의 자리

지장보살은 "지옥에서 고통받는 중생(衆生)이 하나라도 있으면 나는 성불(成佛)하지 않겠다"라고 원을 세우고, 지옥문 앞에서 눈물을 흘리고 있다는 보살입니다. 석가모니께서 입멸(入滅)하신 뒤 새로이 미륵불(彌勒佛)[1]이 나타날 때까지 부처를 대신해 모든 중생의 고통을 구제하는 대자대비(大慈大悲)의 보살입니다.

우리가 살아가는 중생 세계에서 불행의 고통에서 벗어나지 못하는 사람이 있다면 그를 위해 끝없이 사랑하고 끝없이 슬퍼하는 것이 부처님의 대자대비 마음입니다. 지장보살의 원력도 마찬가지입니다. 하지만 지장보살의 원력을 '고통받는 지옥 중생이 하나라도 있으면 성불하지 않겠다'라고 좁게 해석해서는 제대로 이해할 수 없습니다. '불행하고 고통받는 이가 있는데 과연 내가 행복할 수 있을까?' 이렇게 해석하는 것이 그 뜻을 올바로 받아들이는 것입니다.

이웃의 불행과 고통은 나의 불행과 고통입니다. 내 이웃은 나의 삶과 연결되어 있습니다. 지장보살의 대자대비는 자신의 성불 문제가 핵심이 아닙니다. 불행과 고통의 근원을 뿌리 뽑고 해결하기 위한 실천적 삶에 있습니다. 우리가 절에 가서 내 불행을 지장보살이 해결해주길 기도하며 내 행복만을 비는 것은 대자대비 정신이 아닙니다.

불교는 너와 나를 둘로 보지 않습니다. 절에 오면 가장 먼저 불이문(不二門)을 지나게 되는데, 불이가 바로 그런 뜻입니다. 이웃의 고통을 내 것처럼 생각하는 것이 보살행의 기본입니다. 보살행은 자비심으로부터 나옵니다. 자비심은 선심 쓰듯 베푸는 시혜심(施惠心)이 아닙니다. 너와 나를 둘로 보지 않는 평등심(平等心)입니다. 동체대비(同體大悲)[2]는 바로 자타불이(自他不二)의 정신에서 나오는 것입니다.

지장보살이 말하는 지옥은 과연 어디일까요? 나만 생각하면 지옥(地獄)이고, 이웃을 먼저 생각하면 극락(極樂)[3]입니다. 나 혼자만 잘 먹고 잘살려고 하면 그 자리가 바로 지옥입니다. 아무리 어렵더라도 이웃을 생각하고 더불어 사는 세상에는 지옥이 끼어들 틈이 없습니다.

---

1 석가모니가 열반에 든 뒤 미래에 사바세계(娑婆世界)에 나타나 중생을 구제한다는 부처. 우리나라에서는 미륵불이 희망의 신앙으로 수용되어 민중들 속에 폭넓게 전승되었다.
2 부처와 보살은 일체중생과 자신을 한 몸이라고 생각해 중생이 겪는 고통과 슬픔을 자신의 것처럼 여겨 대자비심을 일으킨다는 뜻으로, 부처님의 조건 없는 사랑을 표현하는 대자대비와 함께 불교 교리의 핵심을 이룬다.
3 아미타불이 살고 있는 정토(淨土)로, 괴로움이 없으며 지극히 안락하고 자유로운 세상을 말한다. 인간 세계에서 서쪽으로 10만억 불토(佛土)를 지난 곳에 있다고 한다.

부처님 앞에 당당한 '갑'이 되자

갑질한다, 갑을관계, 이런 말을 많이 합니다. 둘의 관계가 일방적이고 종속적일 때 쓰는 말입니다. 그렇다면 부처님과 우리는 누가 갑일까요? 우리가 살아가면서 어떤 상황에 부닥쳤을 때, 선택은 자신이 합니다. 다른 사람의 충고와 조언도 듣겠지만 마지막에는 결국 자신이 결정합니다.

부처님하고의 관계도 마찬가지입니다. 부처님이 우리를 선택한 것이 아닙니다. 우리가 부처님을 선택한 것입니다. "이제부터 나는 너를 제자로 안 받을 테니 앞으로 절에 나오지 마." 부처님은 우리한테 이렇게 말을 못 합니다. 하지만 우리는 언제든 부처님을 버리고 다른 종교를 찾아갈 수 있습니다.

부처님께서는 '일체중생(一切衆生) 개유불성(皆有佛性)'[1]이라고 하셨습니다. 모든 중생이 자신과 똑같이 될 수 있는 불성을 갖추고 있다고 하셨습니다. 어리석은 견해만 버리면 모두 다 부처의 자리에 오를 수 있다는 부처님의 말씀은 바로 너희들이 '갑'이라는 뜻입니다. 이처럼 부처님과 우리의 관계는 수직관계가 아니고 수평관계입니다.

어디에서든 갑이 되려면 주체적인 견해로 세상을 바라볼 수 있어야 합니다. 주체적인 견해란 고정된 틀과 업력(業力)으로 바라보던 세계관을 극복하고, 호호탕탕(浩浩蕩蕩)[2] 일체의 걸림 없이 자유로운 견해를 말합니다. 주체적인 견해가 없다면 남을 따라 우르르 몰려다니는, 그런 가치 없는 삶을 살 수밖에 없습니다.

부처님 앞에서 당당한 갑이 되려면 지혜로워야 합니다. 그러자면 누구를 맹목적으로 믿어서는 안 됩니다. 맹목적인 믿음은 어리석음입니다. 불교는 물음을 통해 지혜를 얻는 종교입니다. 어떤 가치를 가지고 살 것인가 끝없이 묻는 그 자리가 바로 부처님이 출가한 자리입니다.

아파트 입주민들이 경비원들한테 갑질하는 건 꼴값질입니다. 외제 차 타고 명품 옷 입고 으스대는 것도 마찬가지입니다. 진정한 갑은 자신을 낮추고 상대를 배려합니다. 그래야 부처님 앞에서도 당당할 수 있습니다.

---

1 일체의 중생은 모두 불성을 가지고 있다는 불성(佛性)사상은 인간의 존재를 부처님의 지위로 고양시켰다는 점에서 큰 의미를 갖는다. 이러한 불성사상은 개인의 존엄성으로 발전되어 유엔인권선언 등 현대 사회의 인간존중과 인권사상의 선구자 역할을 했다.
2 아주 넓어서 끝이 없다는 뜻으로 물이 한없이 넓게 흐르는 모양이나 자연의 생기 넘치는 모습이나 세차게 내달리는 기세를 나타낸다.

불사선불사악(不思善不思惡)

원숭이가 많이 사는 지역에서 원숭이 사냥을 어떻게 하는지 아십니까? 손이 겨우 들어갈 정도로 입구가 좁은 항아리 안에 원숭이가 좋아하는 바나나를 넣습니다. 그런 다음 원숭이가 많이 오가는 곳에 던져놓습니다. 원숭이들이 와서 바나나를 꺼내 먹으려고 손을 집어넣었을 때, 사람들이 '와!' 하고 쫓아갑니다. 바나나를 쥔 손을 그냥 놓으면 빠집니다. 하지만 원숭이는 자기가 움켜쥔 것을 잘 놓지 않는 습성이 있다고 합니다. 주먹을 꼭 쥔 채 바나나를 잡고 있으니 손이 못 빠져 나옵니다. 결국 원숭이는 사람들한테 붙잡히고 맙니다. 이를 두고 욕심 때문에 사로잡힌 원숭이의 어리석음을 지적합니다. 그 욕심이 단지 물질적인 탐욕(貪慾)만을 의미할까요? 원숭이가 항아리 속의 바나나에 집착(執着)해서 못 놓듯이 나는 무엇을 손에 꽉 쥐고 놓지 못하고 있을까? 그런 생각을 해봅니다.

재물(財物)도 아닙니다. 조계종에서 쫓겨난 뒤 집도 절도 없이 지내다 보니 가까운 분들의 도움으로 먹고사는 문제를 해결하지만, 안분지족(安分知足)하며 지냅니다. 명예(名譽)도 아닙니다. 한때 몸에 안 맞는 종회의원이라는 옷을 걸치기도 했지만, 그런 자리에 연연하지 않습니다.

또 조계종에서 승적(僧籍)을 박탈당한 상태이지만, 저들에게 고개를 조아리고 복적해야겠다는 생각도 없습니다. 조계종의 승적이 수행에 절대적인 조건도 아니고, 승적이 없다고 부처님 제자가 못 되는 것도 아닙니다. 속세(俗世)에도 부처님 법을 따라 올곧게 수행하는 분들이 적지 않습니다.

그러면 내가 놓지 못하고 있는 것이 과연 뭘까? 깨달음에 대한, 간화선에 대한, 부처님의 가르침에 대한 바나나를 꼭 쥐고 놓지 못하는 건 아닌가? 이런 집착도 항아리 속에서 손을 빼내지 못하게 만듭니다.

육조 혜능(慧能)[1] 선사는 자신을 쫓아온 혜명 존자가 한마디 가르침을 구하자, '불사선불사악(不思善不思惡)'이라고 했습니다. 선도 생각하지 말고 악도 생각하지 말라는 뜻입니다. 이 말이 참 묘한 말입니다. 나쁜 것을 생각하지 말라는 것은 바로 이해가 됩니다. 그런데 왜 좋은 것도 생각하지 말라고 했을까요? 선이라는 것 역시 업(業)이 되기는 마찬가지이기 때문입니다.

---

1 석가모니불 28대조인 달마 대사가 중국에 와서 선종의 초조(初祖)가 되고 그 법맥이 혜능 선사(638-713)로 이어지는데 육조(六祖)에 해당해 육조 대사라고 불린다. 혜능 선사가 설법한 내용을 정리한 육조단경(六祖壇經)은 풍부한 사상성과 간결한 문체로 후대 불교에 큰 영향을 미쳤다.

3

세간의 부처
출세간의 중생

도반(道伴)을 위해 소머리를 삶다

도반(道伴)은 함께 수행 정진하는 벗을 말합니다. 세상과 부모를 버리고 출가한 수행자들에게는 도반이 피붙이보다 더 가깝습니다.

1970년대 중반 여름철이었습니다. 운수납자(雲水衲子)[1]로 돌아다니다가 안동 봉정사에 갔습니다. 그곳에는 제가 좋아하는 도반 스님이 있었습니다. 그런데 도착해보니 스님 몰골이 말이 아니었습니다. 얼굴이 누렇게 뜬 게 병색이 완연했습니다. 간염에 영양실조라고 했습니다. 당시만 해도 절집에는 먹을 게 귀했습니다. 그런데도 정진한다고 몸을 혹사해 건강을 망친 것입니다.

누군가 소머리를 고아 먹으면 대번에 낫는다고 했습니다. 이 절 저 절 돌아다니면서 어렵사리 돈을 구했습니다. 그러고는 안동시장에 가서 소머리를 샀습니다. 소머리를 든 채 다른 재료를 구하려고 시장을 돌아다녔습니다. 중이 피가 뚝뚝 떨어지는 소머리를 들고 다니니 다들 기겁했습니다.

절로 돌아와 솥을 걸고 소머리를 삶는데 밖에서 난리가 났습니다. 주지 스님과 신도들이 몰려와 따졌습니다.

"스님이 소머리를 사 왔다는데 어찌 이럴 수가 있소."
"도반 스님이 간염에다 영양실조라 약으로 사 왔습니다."
"아무리 그래도 어떻게 절에서 소머리를 삶는단 말이요.
당장 그만두시오."

옥신각신하다 결국 제가 버럭 소리를 질렀습니다.

"소머리를 안 삶으면 네놈 머리를 삶을까?"

아픈 사람이 있으면 돌봐주고 치료해주는 게 먼저입니다. 불교이니
예법(禮法)이니 하는 것보다 사람 목숨이 더 귀합니다. 한 열흘 '소머
리국밥'을 먹고 난 뒤 도반 스님은 건강을 회복했습니다.

1 운수납자(雲水衲子)는 구름처럼 물처럼 어디에도 머무름이 없이 떠도는 수행자를 일컫는 말
  이다. 세상 사람들이 입다가 버린 낡은 헝겊으로 누덕누덕 기워 만든 옷을 납의(衲衣)라고 하
  는데, 납자(衲子)는 납의를 입은 사람, 곧 중을 가리킨다.

다비식에 울려 퍼진 〈나그네 설움〉

만행(萬行)[1]을 다닐 때는 항상 길고 시커먼 누비 두루마기를 입었습니다. 두루마기는 방석으로, 이불로 요긴하게 쓰입니다. 여름에는 두루마기를 팔에 걸치고 다녔습니다. 두루마기 하나라도 맡겨 놓을 데가 있다면 그건 중이 아니라고 생각했습니다. 맡겨 놓을 데도 의지할 데도 기댈 데도 없는, 홀로 외롭게 쓸쓸히 걸어가는 독행도(獨行道)가 수행자의 표상(表象)이라고 생각했습니다. 그런 우리를 사람들은 '긴 누비파'라고 불렀습니다.

삿대도 없고 노도 없는 배가 인연 따라 흘러가듯 이리저리 굽이굽이 다니던 어느 날, 춘성(春城)[2] 스님의 열반(涅槃)[3] 소식을 들었습니다. 만해 스님의 제자였던 춘성 스님은 젊은 수좌들에게 큰 존경을 받았습니다. 평생을 무소유로 사셨던 걸출한 도인이었습니다. 특히 춘성 스님은 요를 깔고 이불을 덮고 자면 중 취급을 안 했습니다. 자고 있는 중을 발로 밟아 버렸습니다. 그런 춘성 스님의 기풍을 '긴 누비파'는 열심히 따랐습니다.

화계사에서 춘성 스님의 다비식(茶毘式)[4]이 열렸습니다. 천여 명의 스님과 신도들이 모여 춘성 스님의 극락왕생을 빌며 지장보살을 불렀습니다. 지장보살은 지옥 중생을 모두 구제하지 못한다면 성불하지 않겠다고 서원한 보살입니다. 하지만 이건 아니라는 생각이 불쑥 들었습니다.

> '천하에 춘성 스님 아닌가. 극락을 가도 자기가 알아서 가고 지옥을 가도 자기가 알아서 간다. 우리가 기도한다고 간다면 그게 무슨 춘성인가.'

불길이 훨훨 치솟는 다비장에는 쟁쟁한 노스님들이 앉아 계셨습니다. 그 가운데로 나갔습니다.

> "춘성 스님께서 극락, 지옥 그거 못 찾아갈까 봐 지장보살을 염불합니까? 제가 춘성 스님이 좋아하셨던 〈나그네 설움〉을 염불 삼아 한 곡 부르겠습니다."

'긴 누비파'의 주도로 전국 본사 수좌 노래자랑 대회가 열렸습니다. 엄숙한 다비식이 잔치판이 되어버렸습니다.

> '고해 바다를 건너서 극락으로 간다는데 왜 울고불고 난리인가. 잘 간다고 손뼉 치며 노래를 불러야지.'

무애도인(無碍道人) 춘성 스님께 바치는 우리의 마음이었는지도 모릅니다.

1 안거 기간의 수행을 마친 승려가 한곳에 머물지 않고 여러 곳을 자유롭게 돌아다니며 수행하는 것을 의미한다.
2 춘성 스님(1891-1977)은 한국 불교계의 대표적인 선승으로 별칭은 무애도인(無碍道人)이다. 평생을 무소유의 정신으로 살았으며, 거침없는 육두문자 풍자로 유명하다. 만해 한용운과 용성 스님, 만공 스님의 제자로 일제 강점기 때는 반일 인사로 요시찰 인물이었다.
3 불교에서 수행에 의해 진리를 체득하여 미혹(迷惑)과 집착(執着)을 끊고 일체의 속박에서 해탈(解脫)한 최고의 경지를 뜻하는 말로 덕망이 높은 고승의 죽음을 표현할 때 '열반에 들다'라고도 한다.
4 불교에서 스님들이 열반에 들면 거행하는 불교적 화장의식이다.

"방에 몸을 맞춰야지 몸에 방을 맞춥니까?"

계(戒)를 받고 난 뒤 1975년쯤이었을 겁니다. 두 번째 맞는 겨울, 해인사에 방부를 들였습니다. 안거 전날 방을 짜기 위해 모두 큰방에 모였습니다. 방을 짠다는 것은 석 달 동안 각자 할 일을 분담하는 것입니다. 가장 먼저 선방에서 전권을 갖고 규율과 질서를 다스리는 입승(立繩)을 뽑았습니다. 그다음 입승을 보좌하는 청중(淸衆)을 뽑았습니다. 또 화대(火臺)[1], 다각(茶角)[2] 등 소임(所任)에 따라 차례대로 역할을 나누었습니다. 저는 화대 소임을 맡게 됐습니다. 당시에는 장작으로 군불을 땠습니다. 그런데 삼사십 명이 큰방에 모여 살다 보니 말들이 많았습니다.

연세 든 스님들은 이렇게 말합니다.

"방에 불을 좀 더 때. 어젯밤에는 추웠어."

젊은 스님들은 또 이렇게 불평합니다.

"불을 많이 때니까 자꾸 잠이 오잖아. 방이 좀 써늘해야
공부가 되지."

몇 번씩 같은 말을 들으니 뿔다귀가 났습니다. 그래서 어느 날 새벽 네 시부터 열 시간쯤 쉬지 않고 불을 때 버렸습니다. 당연히 방바닥이 쩔쩔 끓고, 나중에는 방바닥이 시커멓게 탔습니다. 대번에 난리가 났습

니다. 모든 대중이 지대방[3]으로 모였습니다. 화대를 불러놓고 대중공사(大衆公事)[3]가 벌어졌습니다. 스님들 앞에 무릎을 꿇고 앉으니 입승 스님이 물었습니다.

> "큰방에 불을 왜 저렇게 많이 땠소?"
> "어느 스님은 불을 좀 많이 때라고 하고, 어느 스님은 불을 좀 덜 때라고 합니다. 부모 형제 다 버리고 도 닦으러 온 분들이 방에 몸을 맞춰야지 어떻게 몸에 방을 맞추려 듭니까? 그래서 한 사흘은 불을 왕창 때고, 사흘은 불을 안 때려고 했습니다."

그날의 대중공사 결과는 이랬습니다.

> '다시는 불 때는 것을 가지고 화대에게 이래라저래라 하지 말라.'

---

1 선방에 군불을 때는 소임을 말한다.
2 차 심부름 등 허드렛일을 하는 소임을 말한다.
3 절에서 스님들이 휴식을 취하거나 행장을 놓아두는 방으로, 주로 큰방 머리에 있는 작은방을 말한다.
4 승가 고유의 의결 구조로 대중 전원이 참여하는 직접민주주의 제도다. 이때 대중은 비구(니)를 말하며 승납이나 세속, 나이, 지위 등에 상관없이 모두 똑같은 자격을 부여받는다.

재가자 스승 백우 거사

울퉁불퉁 파란만장한 삶 속에서 '왜 살까?'라는 물음이 끊이지 않았습니다. 지금 죽는 것과 3일 후에 죽는 것과 3년 후에 죽는 것과 30년 후, 300년 후, 3000년 후에 죽는 것은 무엇이 다를까? 그런데 지금은 왜 못 죽지? 더 살면 뭐가 남는데? 자신에 대해 순수하게 물었던 이런 물음들은 진리를 향한 물음이었습니다.

절 집안에 들어오니 규격화된 화두만 존재했습니다. 시심마(是甚麼)[1], 정전백수자(庭前柏樹子)[2], 염화미소(拈華微笑)[3], 부모미생전 본래면목(父母未生前 本來面目)[4]…. 그렇게 정해진 대로 의심하지 않으면 외도가 되는 것입니다.

또 화두(話頭)를 어디 가서 타야만 합니다. 배급 타는 것도 아니고 왜 화두를 타야 합니까? 나는 누구인가 이것을 묻는데, 왜 의심을 억지로 일으켜야 합니까? 왜 자꾸만 그 틀에다 가두려고 합니까? 이렇게 물어도 대답해주는 사람이 아무도 없었습니다.

그러다가 뜻밖에 만난 분이 여백우 거사입니다. 작달 만한 키에 상투를 튼 괴팍한 영감님이었습니다. 예사롭지 않은 기세(氣勢)가 저를 눌러왔습니다. 그런 느낌은 난생처음 받았습니다. 쟁쟁한 큰스님들 앞에서도 그런 느낌을 받은 적이 한 번도 없었습니다.

백우 거사를 만날 때마다 싫고, 불안하고, 불편했습니다. 하지만 그분을 스승처럼 모시고 살겠다고 결심한 이유도 그 때문이었습니다. 늘 괴롭고 불편하게 만드는 그분을 통해 궁극적 진리를 향해 끝없이 물음을 던지는 자신을 제대로 단련시킬 수 있었습니다. 차라리 모르든지 알든지 해야 하는데, 그분 앞에서는 아는 것도 모르는 것도 아니었습니다. 분한 마음이 솟구쳐 잠이 오지 않았습니다. 그래서 더욱 공부에 몰두할 수 있었습니다.

---

1 깨달음을 얻기 위한 공안(公案)을 이르는 말로 '이뭣고'라고도 한다.
2 선종의 화두로 "조사가 서쪽으로부터 온 뜻이 무엇입니까?"(祖師西來意)라고 묻자, 조주가 "뜰 앞에 서 있는 백수자(잣나무)"라고 했다는 말에서 유래됐다.
3 연꽃을 잡고 미소 짓는다는 말로, 말이나 글로 통하지 않고 마음에서 마음으로 전한다는 뜻이다. 석가모니가 영산회(靈山會)에서 연꽃 한 송이를 대중에게 보이자 마하가섭만이 그 뜻을 깨닫고 미소 지음으로 그에게 불교의 진리를 주었다는 데서 유래한다.
4 부모에게 태어나기 전, '나'라는 형체가 만들어지기 이전의 모습을 의미하며, '나는 누구인가?' 를 묻는 것과 같다.

주막 노파에게 삼배(三拜)를 올리다

서른 즈음, 서산 부석사로 가는 길이었습니다. 장에 들러 수박 한 덩이를 사고 버스를 타러 가는데, 누가 수박을 든 내 손을 툭 치며 지나갔습니다. 그 때문에 떨어진 수박이 깨져 나뒹굴었습니다. 돌아보니 웬 노파가 있었습니다.

> "정신 차려. 중이 어디에다 정신 줄 놓고 있어?"

그 한마디에 정신이 번쩍 들었습니다.

> "보살님은 어디 계십니까?"
> "제 눈앞에 두고 어디 있냐고 묻네."

나도 모르게 부석사로 가던 것도 잊고 노파를 따라갔습니다.

> "제 갈 길 안 가고 뭐 하러 남을 따라다녀?"

아하, 그동안 내가 진리를 눈앞에 두고도 못 보고, 정신 줄을 놓고 남을 따라 다녔구나. 툭툭 던지는 한마디 한마디가 법문처럼 들렸습니다.

"공부를 많이 하신 것 같아 따라왔습니다."
"공부라는 게 많이 하고 적게 하고가 어디 있나?"

노파의 운산옥 주막에서 막걸리 사발을 놓고 함께 앉았습니다. 노파는 스물셋에 결혼해 아이를 가졌지만 바로 남편이 세상을 떠났습니다. 유복자 아들을 힘겹게 키워 번듯한 대학에 보냈습니다. 하지만 아들은 대학에서 데모하다 강제징집을 당했고, 전방에서 근무하던 중 지뢰를 밟아 세상을 떠났습니다. 노파는 아들의 유골을 안고 실성한 채 몇 년을 울부짖으며 지냈습니다.

그러던 어느 날 처마에서 떨어지는 물방울을 보면서 생과 사가 둘이 아님을 홀연히 깨달았다고 합니다. 자식 잃은 어미의 한 맺힌 서러움이 죽고 사는 게 뭔가라는 물음으로 승화되고, 생사 없는 도리를 깨달으며 생사에 매달리지 않는 자유를 얻은 것입니다.

노파의 이야기를 다 듣고 넙죽 일어나 삼배(三拜)¹를 올렸습니다. 그날 이후 공부가 잘 안 될 때면 운산옥의 노파를 찾았습니다. 그분이 들려주는 활구(活句)²를 통해 느슨해진 나를 점검할 수 있었습니다.

1 존경의 뜻을 표현할 때 세 번 절하는 것을 말한다. 몸과 입과 생각을 다 바친다고 세 번 절한다.
2 일상생활 속에서 살아 있는 말이나 글귀를 뜻한다. 경전이나 조사어록에 있는 말씀을 인용해 이론적으로 따지는 것을 죽은 참선(死句參禪)이라고 하며, 다만 알 수 없는 의심으로 화두를 참구(參究)해 나가는 것을 활구참선(活句參禪)이라고 한다.

"백골이 연산이다, 이놈아!"

공부에 대한 진실한 물음은 있었지만 뭔가 부족했습니다. 알 듯 말 듯한 그 물음에 혼자 끙끙 앓았습니다. 이곳저곳을 돌아다니며 진리를 궁구(窮究)했지만 치구심(馳求心)[1]만 커졌을 뿐입니다.

그러던 1978년 겨울, 다시 해인사에 방부를 들였습니다. 결제(結制)[2] 전에 뜻이 맞는 도반 일곱 명이 모여 '목숨 걸고 공부 한번 해보자'라고 결의했습니다. 당시 우리는 조사전(祖師殿)[3]에서 16시간 결제를 수행했습니다. 밥 먹는 시간, 청소, 휴식 시간을 빼면 밤 11시에 자고 새벽 1시에 일어나는 살인적인 시간표였습니다.

그렇게 석 달 동안 용맹정진(勇猛精進)했지만 단 10분도 제대로 공부가 안 된 철이었습니다. 나중에는 머리가 지끈지끈 아프고 눈알까지 벌겋게 됐지만 공부와는 아무 상관이 없었습니다.

공부가 안될 때면 부딪혀보는 수밖에 없습니다. 해인사 선방은 반산림(半山林)[4] 때 백련암에서 성철(性徹)[5] 스님이 내려와 법문하셨습니다. 이때는 선방과 암자, 비구니 선방까지 모두 300여 명이 모여 스님의 말씀을 들었습니다.

'그래, 차라리 성철 스님의 멱살을 잡아보자. 스님한테 한 번 칼을 맞아보자.'

성철 스님이 법상에 올라가자마자 벌떡 일어나 물었습니다.

"성철의 목을 한칼에 쳐서 마당밖에 던졌습니다. 그 죄가 몇 근이나 되겠습니까?"
"백골(白骨)이 연산(連山)이다."
"예?"
"시끄럽다! 저놈, 행자(行者) 때부터 알았네 몰랐네 건방을 떨더니 아직도 저러고 있네. 이 사기꾼 같은 놈아, 당장 앉아라."

내 딴에는 성철 스님과 법거량(法擧量)[6]을 펼쳤지만, 백골연산, 즉 '일어서서 한마디 하는 순간 너는 이미 죽은 놈'이라는 스님의 칼만 맞았을 뿐입니다.

1 안달하며 구하는 마음

2 안거의 시작을 뜻하는 말이다.

3 사찰에서 그 종파를 연 조사(祖師)를 봉안한 절집으로 조사당이라고도 한다.

4 3개월 동안의 안거 기간 중 절반인 한 달 보름까지를 반산림이라고 한다.

5 성철 스님(1912-1993)은 1970-80년대 이후 한국 불교계의 상징과도 같은 존재로 존경과 신망을 받았다. 파계사에서 8년간 장좌불와(長坐不臥)를 행할 만큼 엄격한 수행자의 모습을 보여주었으며, 해인사 방장, 조계종 종정을 지내며 돈오돈수(頓悟頓修)를 주장해 뜨거운 논쟁을 불러일으키기도 했다.

6 스승을 찾아가 자신의 공부를 검증받는 것으로, 주로 스승과 제자의 문답(問答) 형식으로 진행된다.

권력 앞에 비굴하지 말자

1977년 구마고속도로 준공식에 온 박정희 대통령이 해인사를 방문했습니다. 청와대는 당시 백련암에 기거하시던 성철 스님이 큰절로 내려오길 원했습니다. 이에 성철 스님이 말했습니다.

> "할 말 있으면 본인이 올라오면 되지 내가 뭐 하러 내려가나."

유신 때가 어떤 시절입니까? 청와대에 조금만 밉보여도 중앙정보부에 끌려가 곤욕을 치렀습니다. 민주화를 외치다 숱한 사람들이 고문당하고 감옥에 갇혔습니다. 인혁당 사건처럼 간첩으로 조작해 죽이기도 했습니다. 참으로 혹독한 시절이었습니다. 과연 '할 말 있으면 직접 오라'는 말을 아무나 할 수 있었을까요? 지금 생각해도 가슴이 떨리고 놀랄 일입니다.

권력 앞에 비굴해지지 않는 게 말처럼 쉽지 않습니다. 하지만 세속의 절대권력 앞에서도 할 말을 하는 것이 종교의 역할입니다. 그것이 성철 스님이 추구했던 도의 길입니다. 뭇 중생들을 위한 수행자의 삶입니다. 스님의 육성은 세속보다 더 빨리, 더 많이, 더 부끄럽게 타락하고 있는 오늘의 불교를 향해 내려치는 죽비 소리입니다.

지금 조계종에는 박근혜에게 선덕여왕이 재림한 것 같다고 아부한 사람이 종단의 어른 대접을 받고 있습니다. 이명박과 호형호제한다며 자랑하던 사람이 종단 권력을 휘두르고 있습니다. 그런데도 조계종 안에서는 모두 입을 꾹 닫고 있습니다. 추상같은 꾸짖음이 안 나옵니다. 그래서 더욱 성철 스님이 그립고 존경스럽습니다.

"인제 보니 해인사가 도둑놈 소굴이었습니다"

선방에서 수행만 하던 제가 딱 한 번 원주(院主)[1] 소임을 맡은 적이 있었습니다. 1985년 여름을 해인사에서 날 때였습니다. 해인사처럼 큰 절에서 원주는 200명이 넘는 대중들의 생활을 책임지는 중요한 소임입니다. 그런데 당시 선방 스님들이 원주 스님한테 불만이 많았습니다. '선방에 올라오는 과일이 상했다', '먹을 게 너무 부실하다'며 불평을 하다 결국 원주 스님을 물러나도록 했습니다.

당시만 해도 선방이 힘이 있고, 원주를 하소임(下所任)이라며 깔보는 풍조도 있었기에 가능한 일이었습니다. 그런데 후임자가 나오지 않았습니다. 행정을 담당하던 사판 스님들이 '잘난 선방에서 한번 해보라'며 나 몰라라 했기 때문입니다. 결국 제가 원주를 자청해 맡았습니다.

원주를 맡아 처음 대구 칠성시장으로 장을 보러 나갔습니다. 함께 간 종무소 직원이 단골 가게로 안내하는 것을 무시하고 아무 데나 들어갔습니다. 그러자 시장 상인들이 웅성웅성하더니 여기저기서 호객행위에 나섰습니다. 호객행위를 안 하는 가게만 골라서 들어가 물건을 사는데, 주인이 물었습니다.

"스님, 영수증은 어떻게 끊을까요?"

"아니 구매한 내역대로 끊으면 되지 어떻게 끊고 말고가 어디 있습니까?"

또 다른 곳에서는 이렇게 물었습니다.

"스님, 영수증은 몇 장 드릴까요?"

돌아오는 길에 종무소 직원에게 물었습니다.

"영수증을 어떻게 끊어줄까? 몇 장 줄까? 이게 도대체 무슨 말이요?"

"스님, 그게 백지수표 아닙니까? 그렇게 해서 다들 뒷돈을 만듭니다."

다음날 사시(巳時)[2] 공양 때 이 문제를 폭로했습니다.

"원주 소임을 맡은 명진이 한 말씀 드리겠습니다. 해인사는 닦을 수(修)자, 길 도(道)자, 수도 도량인데 앞으로는 닦을 수자, 도둑 도(盜)자를 써야겠습니다. 인제 보니 해인사가 도둑놈 소굴이었습니다."

칠성시장에 다녀온 자초지종을 말하자 다들 난리가 났습니다. 젊은 스님들은 바닥을 치며 울분을 토했습니다. 결국 해인사에서 대중공사가 붙었습니다. 그 결과 '해인사 재무구조 실태 조사위원회'를 구성하고, 적폐 비리를 낱낱이 밝혀내기로 했습니다.
이 일이 터진 뒤 성철 스님이 저를 따로 불렀습니다.

> "네가 해인사 중들을 다 도둑놈 만들었으니 다시는 이런
> 일이 안 생기도록 확실히 해라."

부위원장 소임을 맡은 저는 성철스님의 당부대로 투명한 회계를 만드는 데 일조한 뒤 팔자에 없던 원주 소임도 내려놓았습니다.

---

1 원래는 사찰의 공양을 준비하는 후원의 총책임이었으나 지금은 사찰의 안살림과 행자교육, 행사준비 등 절 살림을 맡아 하는 소임을 뜻한다.
2 오전 9시부터 11시까지의 시각.

선종(禪宗)의 가풍과 종정

조계종에서 종정(宗正)은 부처의 가르침을 전파하는 정신적 지주이 자 교단의 상징과도 같은 분입니다. 예전의 종정이었던 성철, 서암, 혜 암, 법전 스님은 모두 제게는 크나큰 스승과도 같은 존재였습니다. 법 거량(法擧量) 한답시고 제가 함부로 대들고 막말을 해도 다 품어주셨 던 분들입니다.

성철 스님은 대중을 장악하는 독특한 카리스마가 있었습니다. 멀리서 뵙기만 해도 절로 환희심이 났습니다. 그래서 절 집안뿐만 아니라 세 상 사람들이 모두 다 성철 스님을 존경했습니다. 저를 볼 때마다 "저 미친놈, 뭐 할라꼬 또 해인사에 찾아 왔노"라며 구박하셨지만, 그 말 속에 담긴 큰스님의 사랑을 잊을 수가 없습니다.

혜암 스님은 제가 하도 못되게 구니까 "명진 수좌는 절에 중 되려고 간다니까 동네 사람들이 보리쌀 뒷박이라도 거둬 주면서 제발 좀 멀 리 가서 중 되라고 했을 거야"라고 하셨지만, 늘 제게 따뜻한 정을 주 셨습니다.

법전 스님은 절구통 수좌라고 불릴 정도로 대단한 수행심(修行心)을 가진 분입니다. 방장으로 계시면서도 대중들과 함께 좌복(坐服)에 앉

112

아 정진하셨던 올곧은 분입니다. 서암 스님 역시 조금도 권위적인 게 없었고, 동네 할아버지처럼 검소하고 소탈하신 분입니다.

성철, 서암, 혜암, 법전 스님은 모두 원로 스님들의 추대로 종정에 올라 대중들의 존경을 받았던 분들입니다. 하지만 현재의 종정은 이와는 거리가 먼 행적으로 종단의 권위만 추락시키고 있습니다. 종정 선거 때 돈을 뿌렸다는 논란에다 본인의 개인 사찰에 자신의 동상을 세운 일은 선종(禪宗)의 가풍의 잇는다는 조계종에서 결코 용납될 수 없는 일입니다.

그러면서 어떻게 간화선(看話禪)을 말할 수 있겠습니까. 화반탁출(和盤托出)[1] 발로참회(發露懺悔)[2]로 반드시 잘못을 물어야 할 일입니다.

---

1 본래는 음식물을 소반에 차려서 들고나온다는 뜻으로, 일체 남김없이 모두 드러낸다는 의미다.
2 숨김없이 모든 것을 드러내고 잘못에 대해 깨닫고 깊이 뉘우친다는 뜻으로, 자기의 죄와 허물을 대중 앞에 고백하고 용서를 구함을 의미한다.

"네 말이 틀림없지만 그래도 참 섭섭하구나"

법주사에서 행자(行者) 생활을 할 때 주지 스님인 탄성 스님을 은사(恩師)로 모시고 싶었습니다. 스님께 여러 번 청을 올렸지만 거절당했습니다. 행자들한테 함부로 대하고 말도 거칠게 하던 교무 스님과 싸운 일 때문이었습니다. 스님이 아니면 차라리 다른 절로 가서 계(戒)를 받겠다고 했습니다. 그러자 제게 "앞으로는 절대 주먹질하지 않겠다"라는 다짐을 받은 후 겨우 허락하셨습니다. 그렇게 해서 1974년 10월 보름날, 계를 받고 어엿한 중이 되었습니다.

탄성 스님은 1994년 개혁종단이 들어선 뒤 총무원장과 원로회의 의장을 지내셨습니다. 누구와 시비 한번 한 적 없이 늘 다소곳하고 조용하셨던 분입니다. "중은 모름지기 선방에서 참선 정진해야 한다. 글부터 배우면 사람 버린다"라는 금오 스님의 말씀에 따라 강원에도 가지 않고 정진에만 몰두하셨습니다. 그런 스님의 상좌(上佐)[1] 중에서 제일 골치 아픈 상좌가 바로 저였습니다. 여기저기 돌아다니며 말썽만 부리던 저 때문에 속도 많이 상하셨습니다.

탄성 스님이 1930년생입니다. 2000년에 돌아가셨습니다. 만으로 70년을 사셨습니다. 제가 1950년생이니 이제 꼭 그 나이가 되었습니다. 제가 종회 활동한다고 돌아다니던 2000년 봄에 스님께서 암 진단을 받으셨습니다. 위암 3기였습니다. 수술을 위해 서울 큰 병원에 입원하셨다는 소식을 듣고 병문안을 갔습니다. 스님을 뵙는 자리에서 제가 이렇게 말했습니다.

> "스님께서는 신도들한테 죽을병에 걸리면 부처님한테 기
> 도하라고 하시지 않았습니까? 그런데 왜 스님은 몸에 칼
> 까지 대면서 수술을 받으려고 하십니까?"

그때 스님이 저를 한참 보시더니 말씀하셨습니다.

> "부처님 제자로서 당연히 그래야겠지. 네 말이 틀림없지만
> 그래도 참 섭섭하구나."

그러시고는 치료를 중단하고 내려가셔서 두 달 뒤에 입적하셨습니다.

이제 은사 스님께서 돌아가시던 그때 나이가 되니 못된 말로 섭섭함을 드린 것이 참 후회가 됩니다. 좀 더 따뜻하게 살아야 했었는데, 이제 어떻게 살아야 하나, 깊이깊이 마음속에 다가옵니다. 그럴 때마다 간단없이 자신을 향해 물어가다가 어느 날 길바닥이든 산골짜기든

'누굴까?' '뭘까?'를 묻다 숨이 넘어가도 여한이 없겠다, 그런 생각을
합니다.

1 스승의 대를 이을 여러 승려 가운데에서 가장 높은 사람을 뜻하는 말인데, 불교에서는 자신을
   출가시켜 길러준 은사 스님의 제자라는 의미로 쓴다.

불교를 바로 세울 두 기둥

계율(戒律)이 우선인가? 틀에 얽매이지 않는 공부가 우선인가?
형식을 중시할 것인가? 내용을 중시할 것인가?

사회에서 보수, 진보의 견해가 있듯이 절 집안에도 이처럼 전통적인 두 가지 흐름이 있습니다. 저는 이것을 옳고 그름의 문제로 보지 않습니다. 시대가 어떤 경향과 흐름을 요구하는가의 차이라고 봅니다.

경허-만공-전강으로 이어지는 법맥(法脈)은 수행 가풍(家風)이 조금은 자유분방합니다. 기행(奇行)으로 유명한 경허(鏡虛) 스님과 만공(滿空)[1] 스님의 수행 방법도 그러합니다. 일상적인 틀 속에서는 잘 느끼지 못하는 공부의 깊은 뜻을 찾고자 노력했습니다. 그래서 계율이나 틀에 얽매이기보다는 그 틀을 깨뜨림으로써 진정한 깨달음을 추구했습니다.

시대가 율적인 것을 요구하고, 청정한 계율이 수행의 기본 바탕이라고 생각하는 때도 있습니다. 하지만 너무 이쪽으로만 가다 보면 자칫 내용은 다 없어져 버리고 껍데기만 남을 수도 있습니다. 그래서 틀에 박힌 형식주의라는 비판도 나옵니다. 이러한 비판이 쌓이다 보면 이번에는 형식보다는 내용을 중요하게 생각하는 시대가 새롭게 열립니다.

'내가 올바로 수행해서 한마음 바로 보면 되지 거기에 무슨 계행(戒行)이 있고, 지켜야 할 게 있는가. 이것저것 분별하는 것은 불조(佛祖)의 생각이 아니다.'

하지만 이를 잘못 받아들이면 실제적인 내용은 별로 갖추지도 못하면서 막행막식(莫行莫食)[2]이 되기도 합니다. 이래도 그만 저래도 그만이라는 어리석은 모습도 나타납니다. 그렇게 흘러가다 보면 승단(僧團)이라는 틀이 무너지고 규율이 없어집니다. 그때는 다시 계율 중심의 흐름이 새롭게 나옵니다. 계율을 중시하다 내용이 사라지고, 내용을 중시하다 계율이 무너지고, 이런 과정들이 불교사의 전환기 속에 교차하며 존재해왔습니다. 이를 통해 우리의 불교도 발전해왔던 것입니다.

경허-만공-전강으로 이어졌던 수행 중심과 용성[3]-성철로 이어져 온 계율과 청정(淸淨)의 강조는 결코 대립적인 것이 아닙니다. 오늘의 불교를 바로 세우는 데 핵심이 되어야 할 두 기둥입니다. 불교라는 큰집이 무너져 내리는 현실에서 앙상하게 남은 두 기둥을 보니 참담합니다. 선대 스님들의 그 치열했던 논쟁과 거침없던 행보가 정말로 사무치게 그립습니다.

1 만공 스님(1871-1946)은 조선 후기와 일제 강점기의 선승으로 경허 스님의 제자다. 주로 덕숭산에 머물며 선불교의 진흥을 위해 힘썼다. 마곡사 주지로 있을 때 조선총독부 회의실에서 조선 31본산(本山) 주지 회의가 열렸는데, 총독부가 조선 불교의 일본 불교화를 주장하자 이에 호통을 친 일화가 유명하다.

2 행하고 먹는 데 거리낌이 없다는 뜻으로, 아무런 장애가 없다는 의미로 무애행(無碍行)이라고도 하는데, 이를 깨달음의 징표로 곡해하기도 한다.

3 용성 스님(龍城, 1864-1940)은 일제강점기때 독립운동가로도 알려진 스님으로, 본명은 백상규(白相奎)이며 용성은 법호이고, 법명은 진종(震鍾)이다. 16세에 출가하여 해인사로 들어가 선종과 교종을 함께 공부하였다. 3·1운동 당시 민족대표 33인 중에서 불교 대표는 용성 스님과 만해 한용운 스님, 2명이었는데, 용성 스님이 만해 스님의 사형(師兄)이다. 3·1운동에 참여해 징역 1년 6월형을 선고받고 복역했다. 불상, 불교에 관련된 유물을 가장해 상해 임시정부로 독립운동자금을 보낸 일화가 유명하며, 한글로 최초로 금강경과 화엄경 등을 펴내기도 했다.

함부로 입 놀릴 수 없는 여법(如法)한 기운

제가 공부하는 데 영향을 가장 많이 받은 두 분이 성철 스님과 송담(松潭)[1] 스님입니다. 성철 스님이 넘어야 할 큰 산과 같은 존재였다면 송담 스님은 나태한 정신을 서릿발처럼 일어서게 만드는 분이었습니다.

송담 스님을 처음 뵌 것은 1980년대 초반이었습니다. 송담 스님의 상좌였던 중봉 스님이 권해 인천 용화사로 스님을 뵈러 갔습니다. 방에 들어가서 스님께 절을 하려는데 같이 무릎을 꿇으시면서 나지막하게 한마디 하셨습니다.

"절은 한 번만 하십시오."

그러시더니 저와 맞절을 하셨습니다. 조용하면서도 서늘한 기운이 풍겨 왔습니다. 다른 데서 하듯이 건방지게 입을 놀렸다가는 혓바닥이 잘릴 거 같은 느낌이 들었습니다.

송담 스님은 제게 늘 간절하게 애써 나갈 것을 권하고, 끝없는 물음 속으로 몰입해 들어가기를 당부하셨습니다. 흔들리고 방황하고 갈등하면서 실체적 존재를 향해서 끝없이 물어가는 것이 구도자의 길임을 일깨워 주셨습니다. 지극하게 애써 나가는 수행자의 모습을 설파하실 때는 어떤 할(喝)이나 방(棒)보다 더 무섭게 들렸습니다.

한번은 스님을 봉암사 조실로 모실 생각에 청을 드리러 간 적이 있었습니다. 하지만 스님은 "여러분과 똑같이 수행하는 처지라 아직 조실이라는 이름을 띄울 자격이 없다"라며 사양하셨습니다. 삼고초려(三顧草廬)했지만 우리를 만나주지도 않았습니다. 그런 스님을 보면서 조금 알았다고 동네방네 큰소리치며 다녔던 제가 부끄러웠습니다.

'깨달았다' '불조의 혜명(慧命)을 이었다' 이렇게 말하는 자들이 있습니다. 그런 말 자체가 가짜입니다. 전등(傳燈)[2], 염송(拈頌)[3], 조사어록(祖師語錄)을 부지런히 보고 외워서 자기도 모르고 남도 모르는 소리를 늘어놓을 수 있습니다. 거기에 미혹(迷惑)되면 안 됩니다. 도의 힘이란 꼭 무슨 말을 하지 않더라도 정신이 번쩍 들게 하는 것입니다.

1998년부터 다섯 안거를 용화사에서 보냈습니다. 봉암사 조실(祖室)[4]로 오시기를 사양하시니 제가 찾아갈 수밖에 없었습니다. 주안공단에 있는 용화사에서 더위와 모기를 인내하며 송담 스님 밑에서 보낸 시간은 제게 큰 공부가 되었습니다.

1 2014년 송담 스님은 "수행 가풍이 달라 조계종을 탈종한다"라고 선언한 뒤 조계종을 떠났다. 경허, 만공, 전강의 법문을 이어온 용주사에서조차 '돈 선거'가 난무하자 결국 스스로 조계종을 떠난 것이다. 당시 용주사 주지 선거의 배후에는 자승 총무원장이 있었다는 건 주지의 사실이다.
2 중생의 어리석음을 깨우쳐 지혜롭게 하는 교법(敎法)을 스승이 제자에게 전하는 것을 뜻한다. 법맥이 끊이지 않고 이어지는 것을 등불이 꺼지지 않고 계속 타는 것에 비유한 말이다.
3 선문염송(禪門拈頌), 즉 마음속으로 부처를 잊지 아니하고 불경을 왼다는 뜻.
4 사찰에서 최고 어른을 이르는 말이다. 절의 규모가 커서 종합수도원인 총림(叢林)을 갖추고 있을 경우에는 방장(方丈)이라 부르고, 총림 아래 단계의 절에서는 조실이라 부른다.

"용돈은 내가 줄 테니 가서 주지나 잘해"

2006년 여름, 뜻밖에도 제게 봉은사 주지 제안이 들어왔습니다. 처음 그 이야기를 들었을 때, 말도 안 되는 소리라고 생각해 마음에 두지 않았습니다. 그도 그럴 것이 2005년 조계종 총무원장 선거에 지관 스님과 정련 스님이 출마했고, 저는 정련 스님의 선거운동을 열심히 도왔습니다. 선거결과 지관 스님이 당선됐고, 저는 다시 선방에 들어가 수행에 정진하고 있었습니다.

그런데 한 날은 지관 스님의 측근 스님이 찾아와 봉은사 주지 이야기를 꺼냈습니다. 선거 당시 지관 스님 반대편에 섰던 제게 그런 제안을 한다는 게 믿기지 않았습니다. 하지만 그 제안은 지관 스님의 진심이었습니다. 봉은사는 조계종을 대표하는 서울 강남 한복판의 대형 사찰입니다. 그 때문에 잿밥에 어두운 중들이 서로 절 뺏기를 하며 폭력과 분규로 바람 잘 날이 없었습니다. 그래서 "명진이 같이 성질 못된 중을 보내야 문제를 풀 수 있다"라는 게 당시 지관 스님의 의중이었다고 합니다.

지관 스님께 정식으로 봉은사 주지 제안을 받는 자리에서 이렇게 말씀드렸습니다.

"주지 맡는 대가로 원장 스님께 봉투를 못 챙겨드립니다. 주지 하는 동안에도 명절이나 새해에 따로 인사 못 드립니다. 대신 주지 참 잘 뽑았다 소리는 듣게 해드리겠습니다."

그러자 지관 스님은 "용돈은 내가 줄 테니 가서 주지나 잘해"라고 하셨습니다.

이렇게 해서 긴가민가하던 봉은사 주지 임명장을 받았습니다. 하지만 이번에는 중앙승가대 재정 지원을 요구하며 봉은사에서 농성 중인 동문 스님과 학생 스님들을 설득해야 했습니다. 자칫 분규나 폭력사태가 일어날 수도 있는 상황이었습니다. 저는 홀로 농성장을 찾아갔습니다. "마음을 열고 함께 문제를 풀자"며 진심으로 설득했습니다. 농성 중인 스님들과도 원만하게 문제를 해결하면서 봉은사도, 저도 새로운 역사 앞에 서게 됐습니다.

신도들에게 삼배를 올린 이유

봉은사 주지 취임 기자회견에서 아침저녁 예불(禮佛) 잘 모시고, 발우공양(鉢盂供養)[1]하고, 아침마다 대웅전 앞마당을 쓸겠다고 약속했습니다. 그러자 기자들이 뜨악한 표정이었습니다. 가람수호(伽藍守護)[2]나 중창불사(重創佛事)[3]와 같은 거창한 공약은 하나도 없이 당연한 이야기를 했기 때문입니다. 예불과 발우공양과 울력은 수행의 기본입니다. 그동안 봉은사는 도심 사찰이라고 기본을 소홀히 해왔습니다. 이를 반성하고 가장 기본적인 것에서부터 새롭게 시작하자고 마음먹었습니다.

다음으로 1994년 종단개혁이 제대로 이루어지지 못한 것을 참회하는 마음으로 천 일 동안 절 문을 나서지 않고 매일 천 배씩 기도를 올리겠다고 약속했습니다. 하지만 다들 반응이 시큰둥했습니다. 주변의 스님들은 물론이고 조계종의 모든 사람이 절대 지키지 못할 거라며 비웃었습니다. 하지만 저의 각오는 단단했습니다. 스스로 변하지 않고서는 봉은사도 조계종도 변할 수 없다는 것을 절실히 깨달았기 때문입니다.

천일기도를 시작하고 백 일이 지났습니다. 매일 천 배를 올리다 보니 발이 퉁퉁 붓고 무릎도 시큰거렸습니다. 그래도 끙끙 앓으면서 법당에 나갔습니다. 하지만 신도들은 여전히 마음을 열지 않았습니다. 내가 더 열심히 해야 한다고 마음을 다졌습니다. 그렇게 백 일이 지나고 나서는 매주 일요 법회에서 법문을 했습니다.

유식하고 거창한 경전 구절보다는 제 이야기를 했습니다. 내가 왜 불교를 믿게 됐는지, 출가는 어떻게 했는지, 승려 생활은 또 어떻게 했는지 진솔하게 들려주었습니다. 그러면서 새벽에 정화수 한 그릇 떠놓고 북두칠성님께 길 떠난 아들의 건강을 간절히 염원하는 어머니의 기도야말로 가장 아름다운 기도며, 그것이 바로 불교의 참모습이라는 것을 이야기했습니다.

신도들도 조금씩 마음을 열기 시작했습니다. 일요 법회 때는 법왕루 앞마당까지 신도들이 꽉 찼습니다. 그렇게 '빨갱이' 스님과 '강남 부자' 신도들이 마음을 열고 하나가 되었습니다. 천일기도 오백일 회향 법회 때 저는 신도들께 삼배의 예를 갖췄습니다. 오백일까지 오는 동안 신도들의 응원이 저를 지켜준 호법신장(護法神將)[4]이었습니다. 그날 저도 신도들도 눈물을 흘리며 함께 맞절을 올렸습니다.

1 발우는 승려의 밥그릇을 뜻하며, 발우공양은 승려가 식사하는 행위를 말한다. 발우는 모두 4개로 구성된다. 작은 그릇이 큰 그릇 속에 차례로 들어간다. 제일 큰 그릇은 밥그릇, 두 번째는 국그릇, 세 번째는 청수그릇이며, 가장 작은 그릇은 찬그릇이다.

2 가람이란 범어의 'Sangharama'를 말하는 것으로 이를 번역하여 승가람마 혹은 이를 줄여 가람이라고 한다. 가람은 본래 많은 승려가 한데 모여 불도를 수행하는 장소를 지칭하는 말이다.

3 불사(佛事)는 불교에서 행하는 모든 일을 총칭하는 말이다. 법회를 열고 불공이나 각종 재를 드리는 것, 경전을 간행하고 전각을 짓거나 불상을 조성하는 것도 모두 불사에 포함된다. 근래에는 사찰을 중창하고 전각을 중수한다는 의미로 주로 사용된다.

4 부처님의 법을 수호해주는 선신을 말한다. 대표적으로는 사천왕(四天王)이 있다.

"스님, 입시기도 수입이 얼만지 아십니까?"

봉은사 주지 취임하자마자 온갖 기도 안내 펼침막을 떼도록 했습니다. 그런 식으로 권선하지 않아도 신도들이 다 해준다고 생각했습니다. 그런데 문제는 입시기도였습니다. 봉은사에는 추사(秋史) 김정희 선생이 말년에 거처하셨던 판전(版殿)이 있습니다. 판전 현판도 추사 선생이 돌아가시기 3일 전에 쓴 글씨입니다. 추사 선생이 워낙 유명한 학자이고 명필가이다 보니 봉은사 판전에서 기도하면 합격률이 높다는 이야기가 돌아다녔나 봅니다.

하지만 저는 입시기도가 부처님을 범죄자로 만든다며 강력히 폐지를 주장했습니다.

> "만약에 공부 못하는 애가 부처님한테 돈 내고 기도해서 붙었다면 그게 입시부정입니다. 부처님이 부모들한테 뇌물을 받고 합격시켜 준 거니까 뇌물수수죄에 해당합니다. 수갑을 채워 구속해야 할 일입니다."

그런데 스님들은 물론이고 종무원들과 신도회까지 모두 반대했습니다.

> "스님, 입시기도 수입이 얼만지 아십니까? 초파일 때와 비

숫합니다. 그걸 없애고 어떻게 사찰 운영을 하시렵니까?"

사찰뿐만 아니라 교회나 성당 모두 입시 철이 대목이라고 합니다. 결국 입시기도 폐지를 포기해야만 했습니다. 대신 신도들에게는 이렇게 말했습니다.

"기도했다고 부처님이 어떻게 모르는 걸 대번에 알게 해 줍니까? 다만 어머니가 새벽에 부처님 앞에 가서 저렇게 열심히 기도하는데 내가 어찌 게으름을 떨 수 있겠나, 이렇게 열심히 공부할 수 있도록 자극을 주는 발원(發願)으로 생각해야 합니다."

기복(祈福)적으로만 종교를 대하면 깨어 있는 의식을 갖지 못합니다. 깨달음이란 밝은 지혜의 눈을 열어 세상을 보는 올바른 안목을 갖기 위한 것입니다. 우리가 참선도 하고 절도 하면서 몰입하는 것은 마치 거울에 묻어 있는 때를 벗겨내는 것처럼 번뇌심(煩惱心)이나 망령(妄靈)에서 벗어나기 위한 것입니다. 그것이 불교의 기본 목적입니다.

돈 내라고 안내하는 걸 다 떼 내면 돈이 안 들어올 거라고 걱정했지만

기우였습니다. 신도들은 변함없이 부처님 앞에 정성을 바쳤고, 마음
을 모아주었습니다.

불전함 열쇠를 신도들에게 맡기다

> "등신불(等身佛)일지언정 부처님을 모시고 있으면 굶어
> 죽지 않는다."
> "조석예불만 잘 모셔도 먹고사는 데 지장 없다."

노장 스님들이 항상 하시는 말씀입니다. 스님들이 열심히 수행하고
정진하면 신도들이 알아서 다 챙겨준다는 뜻입니다.

잊을 만하면 사찰 운영을 둘러싸고 스님들끼리 싸웠다는 뉴스가 나
옵니다. 그냥 싸우는 게 아닙니다. 조직 폭력배까지 동원해 쇠파이프
가 난무합니다. 피가 터집니다. 도대체 그렇게 죽일 듯이 싸우는 이유
가 뭐겠습니까? 가난한 절을 놓고, 그 절에 가면 공부가 너무 잘 돼, 내
가 공부하며 살래, 그러면서 살고 있는 중을 내쫓는 경우는 못 봤습니
다. 고요한 산중에 부처님의 기운이 서린 절이라고, 서로 참선하며 살
겠다고, 각목 들고 싸우는 것도 못 봤습니다.

돈이 되는 절이라고, 주지를 내가 하겠다고, 돈이 오가고, 폭력이 오갑
니다. 그러는 사이에 불교의 위신은 땅에 떨어졌습니다. 수행자의 풍
모도 찾을 길이 없습니다. 종단의 갖가지 분규와 불미스러운 사건들
은 대부분 돈 문제에서 비롯됩니다. 고질적인 병폐를 치료할 방법은

결국 한 가지입니다. 재정을 투명하게 관리하는 것입니다. 절에 들어온 돈은 전부 부처님 돈입니다. 그러니까 공금입니다. 주지의 쌈짓돈이 아닙니다. 총무원의 금고가 아닙니다.

봉은사부터 바꾸자고 했습니다. 주지로 들어온 지 1년 만에 재정공개를 선언할 때 반대도 많았습니다. 불편한 일이 한둘이 아니라고 했습니다. 당연한 불편입니다. 돈 문제만큼은 불편해야 마땅합니다. 그래야 비리가 없고 문제가 없습니다.

사찰 재정공개를 실행하면서 종무회의에 신도회 대표들도 참석시켰습니다. 불사와 행정에 신도들의 의견이 반영되도록 했습니다. 불전함 열쇠도 신도들에게 맡겼습니다. 시줏돈이 정말 귀하게 쓰인다는 것을 신도들이 알고 나면서부터 봉은사의 재정 규모는 더욱 커졌습니다. 신도들의 신심(信心)과 불심(佛心)이 커진 결과였습니다.

4

당신의 행복은
어디에 있나요?

햇볕과 바람은 차별하지 않는다

인간이 살아가면서 꼭 필요한 것이 있습니다. 아프면 병원에 가야 합니다. 배고프면 밥을 먹어야 합니다. 작은 곳이라도 살 집이 있어야 합니다. 누구든 의식주(醫食住)¹를 국가에서 보장받을 권리가 있습니다. 이는 국가가 책임져야 할 의무입니다.

물론 사람마다 능력에 차이가 있습니다. 사람마다 능력은 각양각색 다릅니다. 기발한 생각을 가지고 성공해 부를 누릴 수도 있습니다. 그것은 그것대로 충분히 보장하고 칭찬해야 할 일입니다.

산에 사는 나무들에게 바람이 키가 작다고 차별하지 않습니다. 햇볕이 저 나무는 멋있으니 더 쫴주어야겠다, 이러지 않습니다. 햇볕도 공평하게 쫴고, 비도 공평하게 내립니다. 모든 생명에게 햇볕이 똑같이 쫴듯 모든 인간에게 최소한의 생활을 보장해야 합니다.

그래야 나는 누구일까, 어떻게 살까, 행복이 뭘까, 이런 철학적 문제를 고민할 수 있습니다. 배고파 죽겠는데 누가 문학을 말할까요? 추워서 얼어 죽겠는데 누가 예술을 말할까요? 더불어 살지 않는 사회는 갈등과 대결이 일상입니다. 그런 사회는 부자들도 행복할 수 없습니다.

요즘 들어 '공정'이란 말을 부쩍 강조합니다. 정의란 공정함에서 비롯되는 것이라고들 합니다. 하지만 진정한 공정은 공평함 속에서 이루어지는 것입니다. 출발선이 다른데 어떻게 공정한 경쟁이 이루어지겠습니까? 불평등한 구조를 그대로 두고 공정을 이야기하는 것은 불공정한 현실을 가리는 위선에 불과합니다.

---

1 시대가 달라지면서 기존의 의식주(衣食住)에서 옷을 뜻하는 의(衣)를 의료를 뜻하는 의(醫)로 바꾸는 것이 현실에 바르다고 생각한다.

중생이 아프면 부처도 아프다

외제 차를 몰고 와 시주함에 거액의 봉투를 넣는 신자가 있습니다. 기도도 하는 둥 마는 둥 건성으로 합니다. 새벽마다 장독대에 정화수(井華水) 한 그릇 떠놓고 칠성님께 길 떠난 아들의 무사를 비는 어머니가 있습니다. 과연 어느 기도가 더 간절하고 영험이 있을까요?

샤머니즘, 미신이라고 말하는 칠성님, 용왕님, 산신님…. 중요한 것은 간절하게 비는 마음입니다. 큰 바위에 빌든 큰 고목나무에 빌든 바다를 보며 빌든 중요한 것은 대상이 아닙니다. 부처님이나 하나님이 아니고 내 마음이 더 중요한 것입니다.

종교가 자본주의와 결합하면서 대형 교회, 큰 절, 큰 부처님…, 이쪽으로 전부 달려왔습니다. 세상이 욕망으로 치달을 때, 종교가 이를 비판하고 제동을 걸어야 하는데 오히려 춤을 추고 장단을 맞춰 왔습니다.

과연 종교의 역할은 무엇일까요? 올바른 견해, 깨달음을 갖도록 해주는 것입니다. 하지만 깨달음만 갖고는 안 됩니다. 그 바탕에는 연민이 있어야 합니다. 고통받는 자들에 대한 연민이 종교의 첫째 가치입니다. 부자들을 위한, 부자가 더 부자 되게 기도하는 종교는 그 가치를 상실한 것입니다.

중생이 아프면 부처도 아프다고 했습니다. 핍박받는 이들과 함께하지 않는다면 그런 종교는 필요 없습니다.

사회운동은 또 다른 수행의 길

절집에서는 저를 보고 '운동권'이라고 합니다. 전두환 독재 시절 저도 한때 감옥에 간 적이 있습니다. 하지만 온몸 바쳐 사회운동을 했다고는 말 못 합니다. 그저 권력으로부터 탄압받아 고생하는 분들 손잡고 위로해준 정도입니다.

저는 사회운동도 하나의 수행으로 봅니다. 운동하는 사람들도 수행자와 같습니다. 자신이 아닌 다른 사람을 위해, 더 나은 세상을 위해 희생하는 그 마음이 부처의 마음이고, 예수의 마음입니다.

하지만 그 길은 너무 험하고 힘든 길입니다. 열심히 살았는데 누가 알아주는 것도 없습니다. 물질적인 이익도 없습니다. 그러다 보니 중간에 포기하는 사람들이 적지 않습니다. 돌아서서 반대로 가는 사람들도 있습니다. 인정받고 싶은 생각도 듭니다. 출세하고 싶은 욕망도 생깁니다. 국회의원도 되고 고위직에도 오릅니다. 그러다 어느 때부터 잘났다는 생각에 사로잡힙니다.

임제 선사께서 '회광반조(回光返照)'라는 말씀을 남겼습니다. 마음의 빛을 돌이켜 비추어보면 거기에 깨우침이 들어 있다는 뜻입니다. 내가 하는 행위가 옳은 것인가 끝없이 성찰하라는 말입니다. 그런 자세가 모자라면 아만(我慢)[1]이 높아집니다. 언제든 욕망 때문에 오류를 범할 수 있습니다. 그래서 세상을 바꾸겠다는 사회운동은 깊은 산중의 수행보다 훨씬 더 힘들고 어려운 길입니다.

1 자신을 높이고 남을 업신여기는 마음.

격변의 시대 앞에 서다

1984년 해인사에서 살 때입니다. 시국사건으로 수배 중인 청년이 해인사로 숨어들어와 지냈습니다. 그 청년이 가져온 5·18 광주의 실상을 담은 비디오를 보았습니다. 충격이었습니다. 그 이전만 해도 '광주사태'는 북의 사주를 받은 폭도들이 무기고를 털고 광주를 점령한 반란이라고 생각했습니다. 1980년 5월 당시 신문과 방송에서 보도한 내용을 그대로 믿었습니다.

출가(出家)한 스님들은 대체로 사회 문제에 관심을 두지 않습니다. 세속을 여의고 산으로 들어왔다고 생각하기에 더욱 그렇습니다. 신부님들이나 목사님들 중에서는 독재정권에 맞서 저항한 분이 많았지만, 스님들이 거의 없었던 이유도 그 때문입니다.

뒤늦게 광주의 진상을 알고 고민과 갈등이 깊어졌습니다.

> '가족과도 인연을 끊고 산으로 들어온 사람이 세상일에 관심을 가지는 게 과연 옳은가.'
> '출가자는 세속(世俗)의 시비에 눈감고 귀 막고 입 닫고 들어앉아 도만 닦아야 하는가.'
> '생사의 문제를 해결하기 위해 출가했는데, 이 문제와 사

회의 불의는 어떤 관계일까.'

며칠을 심각하게 고민했습니다.

'길을 가는데 누군가 매를 맞고 있거나 굶주림에 떨고 있
다면 어떻게 해야 하나. 아무리 목적지에 도달하는 일이 중
요하다고 해도 그냥 지나칠 수 없지 않은가.'

어느덧 제 마음은 불의에 맞서 싸우는 쪽으로 기울어갔습니다.

5·18이 아니었다면 저 역시 세상사와는 담을 쌓고 살았을 것입니다.
5·18 광주민중항쟁은 엄청난 각성과 깨달음을 주었습니다. 그 깨달음
이 저를 격변의 시대 앞에 서도록 만들었습니다.

'불자여 눈을 떠라!'

이 모습을 본 스님들이 모두 흥분했습니다. 승려대회는 순식간에 과격시위로 변했습니다.

9·7 승려대회로 승가대 학인(學人) 스님 등 19명이 구속되고, 5명이 수배됐습니다. 정작 승려대회에서 사회를 본 저는 구속도 안 되고 수배자 명단에서도 빠져 있었습니다. 미안한 마음에 고개를 들 수 없었습니다. 그리고 한 달 뒤인 1986년 10월 27일, 조계사에서 10·27법난 규탄대회가 열릴 예정이었습니다. 10·27법난은 1980년 10월 27일 전두환 군사정권이 불교계를 사회정화 대상으로 규정하고, 사찰을 침탈해 스님들을 마구잡이로 연행해간 사건을 말합니다. 이번에는 제가 대회 위원장을 맡았습니다. 앞서 구속되지 못한 미안함을 만회할 기회가 마침내 온 것입니다.

---

1 1986년 6월, 부천서 형사 문귀동이 노동현장에 위장취업한 대학생을 연행해 조사하면서 수배자의 행방을 캐물으며 치욕적인 성고문을 가한 사건이다. 하지만 당시 군사독재정권과 언론사는 '성을 혁명의 도구로 사용하는 운동권' 운운하는 등 성고문을 날조라고 주장했다가 범국민적 저항을 받았다. 부천서 성고문 사건은 1987년 1월 박종철 고문치사 사건과 함께 민주화의 큰 밑거름이 되었다.

2 1911년 일제가 한국불교를 억압하고 민족정신을 말살하려고 제정·공포한 법령. 호국불교의 성격을 강하게 띤 한국불교는 승려들이 직접 한말 의병운동에 참여할 정도로 일제에 매우 위협적인 존재였다. 이에 일제는 한국의 사찰을 억압하고자 사찰령을 서둘러 제정·공포하였다.

성동구치소 동안거

1986년 여름이었습니다. 시국사건으로 수배 중이던 사람이 해인사로 피신해 들어왔습니다. 그 무렵 저는 '나는 누구인가?'라는 근원적인 공부도 지독히 안 되고, 사회참여 문제에 대한 갈등도 깊어 가던 때였습니다. 그런 제게 그 수배자가 말했습니다.

> "스님, 감옥에 가면 독방을 주는데 공부하기 아주 좋습니다."
> "감옥? 독방? 무문관(無門關)[1]이 따로 없네요."

9·7 승려대회 때는 감옥 발원(發願)을 이루지 못했습니다. 한 달여가 지나 10·27법난 규탄대회가 열렸습니다. 대회 장소인 조계사를 경찰이 봉쇄하자 참가자들은 강남 봉은사로 집결했습니다. 봉은사에서 열린 집회에서 대회 위원장을 맡은 저는 드디어 시위 주동자가 되었습니다.

규탄대회를 마치고 시위대는 가두로 진출했습니다. 관내에 대학교가 없어 시위 진압을 해본 적이 없었던 강남경찰서는 우왕좌왕했습니다. 뒤이어 경험 많은 성북경찰서에서 지원부대가 왔습니다. 최루탄을 쏘고 백골단들이 쫓아왔습니다. 저는 '중이 어떻게 등을 보이며 도망치

냐'고 생각했습니다. 쫓아오던 백골단에 그대로 잡혔습니다. 그렇게 해서 1986년 동안거는 성동구치소에서 보냈습니다.

성동구치소의 무문관 생활은 또 다른 수행이었습니다. 개인의 삶과 죽음의 문제를 해결하기 위해 고심해온 제게 시대와 역사를 보는 새로운 안목을 갖게 해주었습니다. 재판 때 마지막 최후진술에서 저는 황벽(黃檗)[2] 선사의 시구를 인용해 이렇게 말했습니다.

> "한번 뼈를 사무치는 겨울 추위가 있지 않고서 어찌 코끝을 찌르는 매화 향기를 얻을 수 있겠습니까.(不時一番 寒徹骨 爭得梅花 撲鼻香) 이제 전두환 정권의 추위도 끝나고 온 세상에 매화 향기 퍼질 날이 머지않았습니다."

1 무문(無門)은 깨달음을 얻는 데는 길도 문도 없다는 의미로 본래부터 존재하지 않는 수행의
   문을 뜻하는 말이다. 무문관은 이러한 의미의 무문에서 유래되어 세상과 단절된 채 수행에만
   집중하는 선방(禪房)을 뜻한다.
2 황벽 선사(?-850)는 당나라 때의 선승으로 법명은 희운(希運)이다. 백장 선사의 제자로 일찍
   이 홍주 황벽산에서 출가해 황벽 스님으로 불리었다. 임제, 배휴 등 고승들을 제자로 길러냈
   으며, 임제종(臨濟宗)의 기초를 세운 어록집으로 대표적인 선 문헌인 전심법요(傳心法要)를
   남겼다.

세간(世間)의 스승들

"명진 스님은 모든 사람에게 박수받으려고 하지 마십시오.
그 길은 사기꾼이 가는 길입니다."

2020년 6월 25일, 세상을 떠난 《녹색평론》'의 김종철 선생님이 생전에 제게 해주신 말씀입니다. 1986년 집시법으로 잡혀갔다 나온 뒤, 해인사에 있으면서 염무웅, 정석종, 김종철, 정지창 등 대구 영남대 교수님들과 친분을 맺고 귀한 말씀을 자주 들었습니다. 이때의 인연으로 김종철 선생님에게 평생 많은 가르침을 받았습니다.

김종철 선생님이야말로 진정한 수행자였습니다. 부정하고 불의한 걸 보면 추호도 용납을 안 했습니다. 인간의 욕망이 멈출 수 없는 폭주 기관차처럼 달려갈 때, 《녹색평론》을 발간하면서 홀로 두 손을 벌리고 이를 막으려 했던 분입니다.

1970~80년대 모두가 침묵할 때, 진실을 말한 참 언론인 리영희 선생님도 제게는 세속의 스승이자 사상의 은사입니다. 1980년대 감옥에서 리영희 선생님이 쓴 책을 읽으며 세상을 보는 눈을 떴습니다. 그 인연으로 2010년 12월 5일 돌아가실 때까지 각별한 정을 나누었습니다. 특히 선생님은 제게 당신이 평생 써온 만년필을 유품처럼 주셨습니

다. 바른 세상과 바른 역사를 올곧게 기록해온 선생님처럼 훌륭한 저 널리스트가 있다면 그 만년필을 전해주어야겠다는 마음으로 보관하고 있습니다.

대체로 스님들은 증상만(增上慢)[2]에 사로잡혀 세간에 있는 분들을 내려다보는 경향이 강합니다. 불법승(佛法僧) 삼보(三寶)라면서 재가자들한테 삼배(三拜)를 받으며 중노릇을 하다가 오늘날 불교가 우스운 꼴이 됐습니다. 김종철, 리영희 선생님은 세간(世間)에 있었지만 출세간(出世間)[3]의 삶을 살았습니다. 어느 성자보다 더 깊고 넓게 이 세상을 사랑하셨던 분들입니다. 그런 세간의 스승들이 있었기에 저도 부족하지만 올바른 세상을 위해 애쓰는 삶을 살고 있습니다.

---

1 사람과 사람, 사람과 자연 사이의 분열을 치유하고, 공생적 문화가 유지될 수 있는 사회의 재건에 이바지하려는 의도로 발간되는 격월간 잡지. 생태주의 운동을 대표하는 잡지로 1991년 11월 창간됐다. 김종철 선생은 창간 때부터 2020년 7월 세상을 떠날 때까지 약 30년을 《녹색평론》의 발행인으로 활동했다.
2 최상의 교법과 깨달음을 얻지 못했음에도 얻었다고 착각하며 잘난 체하는 거만함을 뜻한다.
3 일반적으로 세간이란 번뇌와 욕망에 속박된 미망의 세계를 말하며, 출세간이란 번뇌와 욕망에서 벗어난 깨달음의 세계를 의미한다. 세간적인 삶은 자신의 욕망이나 자아의식에 따라 살아가는 보통 사람들의 삶을 말하며, 이를 넘어서는 삶을 출세간의 삶이라 할 수 있다.

개혁을 말하던 우리가 작은 '서의현'이 되다

1994년 4월 10일, 독재 권력에 아부하며 세속화되고 권력화된 조계종 서의현 총무원장의 3선 연임 시도에 맞서 전국의 스님들이 떨쳐 일어섰습니다. 3000여 명의 스님이 조계사 대웅전 앞에 모였습니다. 당시 승려대회에서 저는 이렇게 연설을 했습니다.

> "서의현을 체탈도첩[1]에 처할 것을, 승적을 박탈할 것을 이 자리에서 선언합니다. 만약 이 개혁이 성공하지 못한다면 저는 산문을 떠나겠습니다."

그러고 나서 입고 있던 가사를 벗었습니다. 차곡차곡 개서 원로 스님들이 앉아 계신 단상에 올리고 삼배를 드렸습니다. 개혁이 안 되면 중노릇을 그만두겠다는 수좌의 말에 많은 스님이 눈물을 흘렸습니다. 일주일 이상 계속된 투쟁 끝에 서의현 측이 동원한 깡패들의 폭력을 물리치고 마침내 종단개혁의 깃발을 올렸습니다.

개혁종단에 저도 종회의원이란 명찰을 달고 참여했습니다. 하지만 저부터 개혁의 초심을 잃고 조금씩 변해갔습니다. 서의현을 내쫓고 개혁파가 총무원과 종회의 권력을 잡았지만, 서서히 권력에 물들어갔습니다. 종단의 민주적 운영을 위해 총무원장과 본사 주지를 선거로 뽑았지만, 어느 때부터 '돈 선거'가 되어버렸습니다. 어느새 다들 작은 '서의현'이 되었던 것입니다. 부끄럽지만 저도 고급 한정식집을 드나들고, 본사 주지들에게 용채 받는 것에 익숙해졌습니다.

모든 것을 내려놓고 다시 공부하러 가기로 마음먹었습니다. 봉암사 옥석대에서 얻은 같잖고 샐쭉했던 깨달음에 대한 착각이 어느덧 막행막식(莫行莫食)의 오만(傲慢)으로 나타났습니다. 그것이 종단 권력과 결부되면서 자신을 망가뜨렸습니다. 뼈저린 반성과 주먹으로 머리통을 내리치는 심정이었습니다.

2020년 11월에 멸빈자 서의현은 승적이 복적 되고 대종사(大宗師)[2] 후보에도 올랐습니다. 하지만 서의현의 체탈도첩을 주장한 저는 2017년 4월부터 승적이 박탈된[3] 상태입니다. 1994년 종단개혁 후 20여 년이 지난 오늘의 현실입니다.

---

1 치탈도첩(褫奪度牒)이라고도 한다. 승려의 신분증인 도첩(度牒)을 빼앗아 승적을 박탈하는 것을 이르는 말로 1994년 4월 승려대회 당시 서의현 총무원장에 대한 체탈도첩을 결의했다.
2 대종사는 수행력과 지도력을 갖춘 승랍 40년 이상 나이 70세 이상의 스님들에게 종단이 부여하는 최고의 지위로, 종단의 큰 어른이자 수행이 깊음을 인정한다는 의미가 크다.
3 조계종 종단이 내세운 이유는 외부 방송에서 종단을 비판하는 등 승풍을 실추시켰다는 것인데, 국정원 사찰 문건에는 '종단 징계와 사법처리를 통해 명진의 승적 박탈을 유도한다'는 내용이 들어 있었다.

권력에 취하고 세속에 중독되고

> "무소유(無所有)란 아무것도 가지지 않는다는 것이 아니
> 라 불필요한 것을 가지지 않는다는 뜻이다."

법정(法頂)[1] 스님의 말씀입니다. 법정 스님은 산속에 갇힌 불교를 세상으로 데리고 나와 삶의 문제로 승화시킨 분입니다. 평생 무소유의 정신을 실천한 수행자로 종교를 초월해 모두의 존경을 받았습니다. 또한, 엄혹한 유신 시절에 유신 반대 서명에 참여했다가 곤욕을 치르기도 했습니다.

법정 스님이 말씀하신 무소유는 소유하지 말라는 것이 아닙니다. 소유하되 거기에 끌려다니거나 집착하지 말라는 뜻입니다. 부자가 뭐 잘못이겠습니까? 능력껏 돈을 많이 벌어서 좋은 데 쓰면 그만큼 좋은 일이 어디 있겠습니까? 재물을 더럽게 모으고 더럽게 보관하고 더럽게 쓰니까 나쁜 놈입니다. 저도 돈이 많았으면 좋겠습니다. 그래서 어려운 사람들도 도와주고, 세상을 위해 뜻있게 사는 분들을 열심히 후원해주고 싶습니다.

얼마 전 혜민 스님 문제로 세상이 시끄러웠습니다. 중이라면 어렵고 가난한 사람들에게 보시하면서 살아야 마땅합니다. 소유에 집착한 혜민

스님이 비판받아야 할 부분도 많습니다. 하지만 온갖 매스컴이 달려들어 혜민 스님을 물어뜯는 걸 보면서 저건 아니라고 생각했습니다. 조계종단에 혜민 스님보다 더 부도덕한 중이 많습니다. 그런데도 조계종이라는 거대한 집단이 가진 힘 때문에 이를 못 본 체하고 있지 않습니까?

권력에 취하거나, 연예인처럼 매스컴에 중독되거나, 통장에 돈 쌓이는 데 집착하면 벗어나는 게 쉽지 않습니다. 저 또한 한때 그랬습니다. 가난하고 어려운 사람들의 벗이었던 명진 스님이 알고 보니 여자들 나오는 술집에 가서 노래를 불렀다더라…. 그때 저를 싸늘하게 쳐다보던 사람들의 눈빛을 잊을 수가 없습니다. 그 눈빛이 미망(迷妄) 속에 빠져 살던 제게 찬물 한 바가지 끼얹어 정신을 차리도록 했습니다.

혜민 스님은 본인의 잘못을 인정하고, 방송 활동을 중단했습니다. 다시 대중처소로 들어가겠다고 했습니다. 그런데 과연 오늘의 조계종은 자신을 스스로 돌아보고 성찰하고 있나요? 그런 희망조차 없는 현실이 더 슬픕니다.

---

1 법정 스님(1932-2010)은 불교를 인간의 삶의 현실과 연관 지어 아름답게 그려낸 수필가로 널리 알려져 있으며, 무소유의 정신을 실천하며 불교를 대중화시키는 데 큰 역할을 했다.

"스님이 왜 정치에 관심을 둡니까?"

> "스님이 왜 정치에 관심을 둡니까? 불교 이야기나 수행
> 이야기만 해주세요."

명진TV에 종종 올라오는 댓글입니다. 저를 보고 '정치적'이라고 말합니다. 중이 왜 그렇게 정치적인 발언을 많이 하느냐고 비판합니다.

우리는 왜 머리 깎고 수행을 하는가? 부처님 법에 의지해 산다는 것은 어떤 의미인가? 부처님의 제자라는 것만 가지고도 의식주가 해결됩니다. 그렇다면 공짜 밥을 먹는 우리는 세상에 어떻게 보답해야 하는가? 고통스러운 세상, 희망이 없는 세상, 절망의 세상을 보면서도 침묵하는 것이 부처님의 뜻인가? 늘 고민하는 문제입니다.

권력자의 편에 서서 아부하고, 이익을 챙기고, 출세까지 하는 종교인들이 많습니다. 이들이야말로 진짜 '정치적'입니다. 진정한 종교인이라면 칼날 같은 비판으로 잘못된 권력을 꾸짖어야 합니다. 잠들어 있는 세상을 향해 호통도 쳐야 합니다. 그래야 공밥 먹을 자격이 생깁니다. 솔직히 저는 정치적인 발언으로 득을 본 게 없습니다. 오히려 손해만 봤습니다.

이명박 정부 시절 국정원에서 저를 사찰했던 문건이 뒤늦게 공개됐습니다.[1] 청와대와 국정원이 저를 봉은사에서 내쫓기 위해 직접 나섰습니다. 인터넷과 언론을 통해 허위사실을 교묘히 퍼트렸습니다. 승려 명진에게 애가 둘이 있고, 마누라는 식당을 한다고 했습니다. 밤마다 몰래 벤틀리를 타고 절 밖으로 빠져나가 술집에 다닌다는 내용도 있었습니다. 이 소문을 믿고 실망하고 떠난 봉은사 신도들이 적지 않았습니다. 저로서는 이유가 뭔지도 모른 채 속수무책으로 당했습니다.

이런 상황에서도 제가 당당할 수 있는 것은 결코 도가 깊어서가 아닙니다. 어렵고 힘든 사람들이 저를 보면 위로가 된다고 하기 때문입니다. 용산 참사 유가족들과 세월호 유가족들, 그리고 쌍용자동차 해고 노동자 가족들을 만나면 서로 부둥켜안고 반가워합니다. 그런 데서 뿌듯함을 느낍니다. 제가 큰 깨달음을 얻어 불법을 널리 펴고 할 만큼 능력은 없습니다. 하지만 가난하고 힘들고 눈물 흘리는 이들과 함께하는 시간이 저한테는 참으로 행복한 순간입니다. 그 시간이 저를 늘 깨어 있게 만듭니다.

1 2017년 명진 스님은 국정원을 상대로 사찰 기록에 대한 정보공개를 요청했으나, 국가안보와 관련된 문건이라는 이유로 거부당했다. 이에 정식 소송을 제기했고, 2019년 9월 행정법원은 총 30건의 문건 중 13건에 대해 공개하라고 판결했다. 국정원이 명진 스님에게 공개한 30쪽 분량의 문서에는 2009년 11월 13일부터 2012년 3월 22일까지 사찰을 통해 수집한 정보가 담겨 있다.

오래 살면 행복할까?

다들 수명장수(壽命長壽)를 바랍니다. 그런데 오래 살면 정말 행복할까요? 제가 어렸을 때는 환갑이면 오래 살았다고 잔치를 했습니다. 하지만 환갑잔치라는 말은 벌써 사라졌습니다. 제 나이가 인제 칠십이 넘었습니다. 예전에는 칠십이면 "그 노인네 명도 길어"라고 했습니다. 요새는 팔십이 되어도 "이제 그만 죽어야지" 같은 소리를 잘 안 합니다. '백세시대'(百歲時代)라고 하니 구십에 죽어도 백수(白壽)를 못 채우고 죽었다고 안타까워 할 것입니다.

오래 산다는 것은 상대적입니다. 다들 남들보다 1년이라도 더 살고 싶어 합니다. 그렇다면 얼마나 살아야 오래 사는 것일까요? 남들이 백 살에 죽는데 나는 삼백 살까지 산다면 세 배는 더 행복할까요? 자식들도 다 죽고, 손자들도 다 죽고, 그걸 지켜보며 나만 혼자 오래 산다면 어떨까요? 그게 바로 지옥입니다.

마거릿 미드'라는 미국의 인류학자가 있었습니다. '문명(文明)의 기원을 어디에 두어야 하나?'라는 질문에 그는 이렇게 답했습니다.

> "나는 부러진 다리에서 문명을 보았습니다."

짐승의 뼈를 갈아 낚싯바늘을 만들었다든가, 토기를 구웠다든가, 대개는 도구의 사용을 문명의 시작이라고 말합니다. 하지만 미드의 대답은 달랐습니다.

원시인들의 무덤에서 뼈가 나왔는데 부러진 다리가 붙어 있었습니다. 이게 무슨 의미일까요? 다리가 부러지면 움직이지 못합니다. 먹이를 찾아 떠도는 수렵 생활에서 못 움직인다는 것은 아무런 쓸모가 없다는 뜻입니다. 다른 이들에게 피해만 줄 뿐입니다. 어쩔 수 없이 버리고 가야 합니다. 그런데 뼈가 붙어 있다는 것은 누군가 곁에서 돌봐주었다는 것입니다. 타인을 돌보는 것, 미드는 그것을 문명의 시작으로 보았습니다.

인간은 어떤 존재인가? 인류는 어떻게 문명을 창조했는가? 미드의 답변에는 생각할 거리가 참 많습니다. 돌봄의 철학이 사라지면 인간의 수명장수도 아무런 의미가 없습니다. 돌봄이 외면당하는 시대에는 오래 사는 것이 결코 행복이 아닙니다. 오히려 불행입니다.

---

1 마거릿 미드(1901-1978)는 현대 사회의 문제를 인류학적 관점에서 바라보는 문화인류학을 새롭게 개척했으며, 적극적인 사회참여 활동으로 전 세계 지식인들에게 영향을 주었다.

무소유의 수행자 디오게네스

제가 가장 존경하고 따르고 싶은 사람이 있습니다. 2300여 년 전 그리스의 철학자 디오게네스입니다. 무소유를 삶으로 실천했던 디오게네스를 사람들은 '견유학파'라고 불렀습니다. 견유(犬儒)는 '개 같은 철학자'란 말입니다. 떠돌이 개처럼 지낸다는 의미입니다. 시체를 담던 버려진 항아리에서 생활하던 디오게네스는 특히 귀족 출신으로 철학 좀 한답시고 권력자들을 찾아다니는 플라톤을 경멸했습니다.

어느 날 세계를 정복하고 돌아온 알렉산드로스 대왕이 디오게네스의 명성을 듣고 그의 움막을 찾아왔습니다. 햇볕을 쬐던 디오게네스에게 묻습니다.

"그대는 내가 두렵지 않은가?"
"당신은 지혜로운 왕입니까? 어리석은 왕입니까?"
"물론 지혜로운 왕이라고 세상 사람들이 말하지."
"지혜로운 왕인데 제가 왜 당신을 두려워하겠습니까?"
껄껄 웃던 알렉산드로스가 필요한 게 있으면 말해보라고 했습니다.
"햇빛이나 가리지 말고 비켜주십시오."
돌아가는 길에 알렉산드로스는 부하들에게 말했습니다.

"내가 세계를 정복하는 왕이 아니었다면 디오게네스가 되고 싶다."

디오게네스의 철학자 친구 중에 권력자에 아부해 출세한 아리스토포스라고 있었습니다. 어느 날, 황금 마차를 타고 가던 아리스토포스가 쓰레기통을 뒤져 주워온 푸성귀를 냇가에서 씻고 있는 디오게네스를 보고 말했습니다.

"자네가 조금만 머리 숙이면 더러운 푸성귀를 씻어 먹지 않아도 될 텐데…."
그러자 디오게네스가 대답합니다.
"자네가 푸성귀라도 씻을 힘이 있다면 더러운 인간들에게 머리 숙이지 않아도 될 텐데…."

어느 날 아리스토포스가 디오게네스를 초대해 음식을 대접했습니다. 궁궐 같은 집에서 시종들이 챙겨주는 산해진미를 잘 먹고 일어서는데, 갑자기 디오게네스가 친구의 얼굴에 침을 콱 뱉었습니다.

"자네, 음식을 대접한 나한테 어찌 이럴 수 있는가?"

"미안하네, 친구. 내가 침을 뱉고 싶은데 아무리 둘러봐도 호화로운 이 집에서는 뱉을 데가 없었네. 그런데 자네의 욕망에 번들거리는 얼굴을 보는 순간 그만 쓰레기통이라 착각했네. 자네가 이해를 좀 해주게."

이게 수행자입니다. 참으로 비워낸 사람만이 할 수 있습니다. 옷가지를 누추하게 입는다고 무소유가 아닙니다. 사유의 자유를 위해 물질적 자유를 기꺼이 포기하는 것이 진정한 무소유입니다. 불문(佛門)에서 수행하는 선사(禪師)는 디오게네스와 같은 그런 길을 가야 합니다.

스님, 어떤 게 잘 사는 겁니까?

봉은사가 강남 한복판에 자리 잡은 대형사찰이다 보니 한국 사회를 좌지우지하는 정치인, 경제인, 언론인들도 많이 찾아왔습니다. 그들 중에서 가장 기억에 남는 사람이 이재용 삼성전자 부회장입니다.

하루는 저와 친분이 깊은 거사께서 이렇게 이야기를 꺼냈습니다.

> "누가 스님을 꼭 한번 뵙고 싶다는데, 스님은 그 사람을 싫어할 수도 있습니다."
> "제가 싫어하고 좋아하고가 어디 있습니까? 저를 보고 싶다는데 당연히 만나 봐야죠."

그렇게 해서 찾아온 사람이 이재용 부회장이었습니다. 제 거처에서 함께 식사하며 이야기를 나눴는데, 첫인상이 참 부드럽고 선했습니다. 그 뒤로도 몇 차례 봉은사를 찾아와 다담(茶談)을 나누었습니다. 또 이 부회장의 집에 초대를 받아 함께 식사도 했습니다.

한번은 이 부회장이 제게 물었습니다.

> "스님, 어떤 게 잘 사는 겁니까?"

대한민국 최고 부자의 질문에 많은 생각이 들었습니다. 돈만 많이 벌면 행복할 줄 알고 달려왔는데, 그것이 전부가 아니었구나 싶었습니다. 어떤 게 잘 사는 것인가, 이는 이재용 부회장만의 고민이 아니었습니다. 제가 만나본 수많은 명사(名士)와 부자들 모두 비슷한 고민을 안고 있었습니다. 무엇이 수십조 원의 자산을 가진 이조차 어떤 게 잘 사는 것인지, 무엇이 행복인지 고민하도록 만들었을까요?

최순실 국정농단 사건으로 구속된 이재용 부회장은 실형을 선고받았지만 7개월 만에 가석방으로 풀려났습니다. 조계종을 비롯해 종교인들이 이 부회장의 석방을 앞장서 탄원할 때, 저는 이 부회장에게 이런 충고를 해주고 싶었습니다.

> "애써 사면받기를 바라지 마십시오. 삼성이라는 감옥, 돈의 감옥, 욕망의 감옥에서 탈출해 혼자만의 자유로운 세계로 왔다고 생각하십시오. 감옥에서 명상도 하고, 좋은 책도 읽고, 할아버지 아버지 대에 저질렀던 잘못에 대해서도 성찰해보십시오. 그러면 당신이 내게 물었던 '어떤 게 잘 사는 것인지'에 대한 해답도 찾을 수 있을 겁니다."

인류를 구원할 진짜 백신

'주먹 쥐고 일어서'라고 들어봤나요? '발로 차는 새' '구르는 돌' '젖은 나뭇잎' '머리에 부는 바람'…. 영화 <늑대와 춤을>에 나오는 아메리카 원주민들의 이름입니다. 1990년 케빈 코스트너가 감독과 주연을 맡은 이 영화는 전쟁 영웅 '존 J. 던바' 중위가 아메리카의 수우족을 만나 '늑대와 춤을'이 되어 가는 과정을 감동적으로 담고 있습니다.

영화에서 아직도 잊히지 않는 장면이 있습니다. 버펄로 사냥에 나선 백인들이 버펄로의 가죽만 홀랑 벗기고 시체는 그냥 버려두고 갑니다. 또 백인 기병대들이 '늑대와 춤을'을 데리고 가는데 늑대가 친구인 '늑대와 춤을'을 따라옵니다. 그런 늑대를 백인 기병대들은 총으로 쏴 죽입니다. 자기들한테 해코지를 한 것도 아니고, 위협을 준 것도 아닌데 말입니다.

아메리카 대륙을 쳐들어갔던 백인들은 다른 유색인종들을 짐승처럼 취급하며 사냥하듯 죽였습니다. 19세기까지만 해도 미국의 교회 지도자들은 흑인에게도 하나님에게 구원받을 수 있는 영혼이 있는가를 놓고 논쟁했습니다. 흑인 노예들을 닥치는 대로 죽이면서 자기들은 천국에 가게 해달라고 기도했습니다. 서부 개척이란 말로 정복과 파괴를 일삼아온 백인우월주의, 선민의식이 오늘의 참담한 세계를 만들었습니다.

"위대한 사람이 된다는 것은 단지 훌륭한 사냥꾼이나 유
명한 전사가 되는 것을 의미하지 않는다. 위대한 전사는 서
로를 사랑하고, 서로에게 친절하게 대하는 것을 훨씬 더 중
요하게 여긴다."

아메리카 원주민들은 사냥을 잘하고 전쟁에서 이기고 돌아오는 사람
이 위대한 것이 아니라고 했습니다. 타인에 대한 사랑, 배려, 존중, 그
것이 더 위대하다고 했습니다.

코로나 시대를 맞아 인류가 문명이란 이름으로 망가뜨린 인류 자신
과 지구를 생각합니다. 과연 우리는 무엇을 위해 살아가야 하는가. 우
리는 어떤 미래를 만들어야 하는가. 아메리카 원주민들이 이루고자
했던 세상은 인간과 하늘과 땅과 뭇 생명이 더불어 사는 세상이었습
니다. 이것이 오늘날 우리를 구원할 진짜 백신입니다.

우리는 모두 형제들이다

1854년, 미국의 피어스 대통령이 찾아와 원주민들이 오래도록 살아온 땅을 팔라고 요구합니다. 이에 답변한 시애틀 추장의 연설[1]은 생명주의 사상의 교과서와도 같은 명문입니다. 긴 연설문 중에서 마음을 울리는 몇 대목을 인용해보겠습니다.

"워싱턴에 있는 대통령이 우리 땅을 사고 싶다는 전갈을 보내 왔다. 그대들은 어떻게 저 하늘이나 땅의 온기를 사고팔 수 있는가? 우리로서는 이상한 생각이다. 신선한 공기와 물방울은 우리 것이 아닌데 어떻게 그것을 팔 수 있다는 말인가?"

"우리에게는 이 땅의 모든 부분이 다 거룩하다. 땅은 우리의 한 부분이다. 향기로운 꽃은 우리의 자매이다. 사슴, 말, 큰독수리, 이들은 우리의 형제이다. 개울과 강을 흐르는 반짝이는 물은 우리 조상들의 피다. 우리는 안다. 땅은 사람의 것이 아니라는 것을. 사람이 땅에 속한다는 것을. 모든 사물은 우리 몸을 연결하는 피처럼 서로 연결되어 있다."

"모든 짐승이 사라져 버린다면 인간은 영혼의 외로움으로

죽게 될 것이다. 만물은 서로 맺어져 있다. 하지만 그대들이 온 이후로 모든 것이 사라졌다. 이제 삶은 끝났고 살아남는 일만이 시작되었다. 삶을 살 때는 더없이 감동적이었지만 살아남는 일에는 더없이 삭막한 곳일 따름이다."

"우리 모두의 하느님은 하나다. 그대들이 땅을 소유하고 싶어 하듯 하느님을 소유하고 있다고 생각하겠지만 그것은 불가능한 일이다. 우리의 하느님은 당신들의 하느님이기도 하다. 그의 자비로움은 황색인이나 백인이나 똑같은 것이다. 우리는 모두 형제들이다."

저는 이 연설문이야말로 우리 시대의 '경전(經典)'이라고 생각합니다. 금강경(金剛經)이요, 법화경(法華經)이며, 성경의 복음서와 다를 바 없습니다. 자연을 개발과 정복의 대상으로 생각해온 물질문명의 세계관을 처절하게 성찰하도록 만듭니다. 세상 만물이 어떻게 하나로 연결되어 있는지 새삼 깨닫게 해줍니다. 동체대비(同體大悲)의 사상을 이보다 더 구체적이고 생생하게 알려주는 글은 없을 것입니다.

---

1 인간과 자연이 하나라는 아메리카 원주민들의 철학을 담은 이 연설은 현대 문명에 대한 성찰을 요구하는 큰 울림으로 오늘날까지 많은 사람에게 감동을 주고 있다. 시애틀이라는 도시 이름은 시애틀 추장의 이름을 딴 것이라고 한다.

고난의 칼날에 서라

"세상 사람이 쉽고 성공할 일이면 하려고 하고
어렵고 성공할 가망이 적은 일이면 피하려는 경향이 있으니
그것은 옳지 않은 일이다.

어떠한 일을 볼 때 쉽고 어려운 것이나
성공하고 실패할 것을 먼저 보기보다는
그 일이 옳은 일인가 그른 일인가 먼저 볼 것이다.
아무리 성공할 일이라도 그 일이 근본적으로 옳지 못한 일이면
일시 성공했을지라도 그것은 결국 파탄이 생기고 마는 법이다.

그러므로 하늘과 땅을 둘러보아 조금도 부끄럽지 않은 옳은 일이
라면
용감하게 그 일을 하여라.
그 길이 가시밭길이라도 참고 가거라.
그 일이 칼날에 올라서는 일이라도 피하지 마라.
가시밭길을 걷고 칼날 위에 서는 데서
정의를 위해 자기가 싸운다는 통쾌한 느낌을 얻을 것이다.

그러므로 나는 지금 다난한 조선에 있어서

정의의 칼날을 밟고 서거라 하고 말하고 싶다.
무슨 일이든지 성공이나 실패보다 옳고 그른 것을 먼저 분별할 줄
알아야 한다."

만해(卍海)[1] 한용운 스님이 1932년에 발표한 글 <고난의 칼날에 서라
>입니다. 만해 스님이 남긴 아름다운 민족시는 다들 많이 알겠지만,
이 글은 잘 알려지지 않은 글입니다.

저는 이 글을 읽고 만해 스님은 칼날에 서신 분이 아니고 본인의 삶
자체가 칼날이었구나 생각했습니다. 만해 스님이 어떤 분입니까? 선
교(禪敎)를 다 겸하셨고, 당신의 일생을 조선의 독립운동을 위해서 한
치도 어긋남 없이 외롭고 치열한 길을 가셨던 분입니다.

과연 나는 칼날 위에 서는 마음으로 인생을 하루하루 살고 있는가. 이
게 이익이 될까 손해가 될까를 먼저 안 따지고, 이게 옳은 일일까 그
른 일일까를 먼저 따지며 내 길을 갔던가.

부끄럽습니다. 때로는 옳은 길인 줄 알고도 피한 적이 있었고, 이익이
되는 길을 취한 적도 많았습니다. 다시 지나온 세월을 돌아보면서 '고

난의 칼날에 서라'는 만해 스님의 가르침을 잊지 않겠습니다. 정의의
칼날을 밟고 스님이 일러준 그 통쾌함을 느껴보겠습니다.

1 만해 한용운(1879-1944) 스님은 3·1운동 때 민족대표 33인의 한 사람으로 세상을 떠나는 마지막 순간까지 일제에 저항한 독립투사다. 《님의 침묵(沈默)》 등 여러 권의 시집을 썼고, 종래의 무능한 불교를 개혁하고 조선불교의 나아갈 방향을 제시한 《조선불교유신론》을 저술했다. 최남선의 변절 이후 길에서 우연히 만난 최남선이 아는 체를 하자 "내가 아는 최남선은 벌써 죽었다"라고 일갈한 일화는 유명하다.

함께 가야 할 평화의 길

과연 평화란 무엇일까요? 평화는 갈등과 분쟁이 없는 평온한 상태를 말합니다. 오늘의 현실에서 갈등과 분쟁은 일상이 되었습니다. 개인의 내면, 사람과 사람 사이의 관계, 국가와 국가의 관계 속에서도 갈등과 분쟁은 일상적입니다. 그렇다면 그 원인은 어디에 있을까요? 본질은 자유와 평등이 보장되지 않기 때문입니다.

자유는 평화의 출발입니다. 자유는 가장 기본적인 인간의 존재 선언입니다. 자유가 억압당하고 구속받는 현실에서 저항은 필연입니다. 그래서 평화를 이루자면 먼저 자유가 보장되어야 합니다. 그중에서도 생각의 자유, 표현의 자유가 핵심입니다. 생각을 억누르고 표현을 억압하며 사상을 통제하는 곳에서는 결코 자유가 자랄 수 없습니다. 분단체제, 반공이데올로기가 얼마나 많은 사람들로부터 자유를 빼앗아 갔던가요?

하지만 자유는 자기 멋대로 해도 된다는 방종과는 다릅니다. 자유의 실천 주체는 자주적인 인간입니다. 공동체를 먼저 생각하는 주인의식을 가진 주체가 바로 자유로운 인간인 것입니다. 우리의 평화는 이러한 자유를 통해 제 모습을 드러낼 것입니다.

또한 평화는 평등과 함께 이루어집니다. 평등이 전제되지 않는 한 평화는 불가능합니다. 어느 시대, 어느 사회든 모든 갈등은 불평등에서 비롯됐습니다. 평화의 본질은 불평등을 해소해 갈등을 극복하는 것입니다. 그러자면 누구에게나 인간다운 삶을 보장해주어야 합니다. 오늘의 현실로 말하자면 기본적인 의식주(醫食住)를 국가가 보장하는 것입니다. 물론 더 많은 물질적인 풍요는 각자의 능력과 필요에 따라 누리면 됩니다.

지난 세월 우리 사회에 큰 상처로 남았던 용산 참사 당시 '여기에도 사람이 있다'는 절규, 쌍용자동차 파업투쟁 당시 '함께 살자'는 호소는 우리가 추구해야 할 평화의 뿌리가 무엇인지 알려줍니다. 차별 없는 평등이야말로 평화를 이루기 위한 실천적 지향입니다.

우리가 가야 할 평화의 길은 혼자서는 절대 갈 수 없습니다. 이웃과 손잡고 함께 가야 하는 길입니다. 이제 그 길을 여러분들과 더불어 가려고 합니다. 제 수행의 마지막 발걸음도 바로 여기, 평화의 길에 있습니다.

판화 **이용훈**

이용훈 작가는 명진 스님의 수행길을 심우도(尋牛圖)에 빗대어 열 장의 목판화로 풀어냈다.
판화를 찍어 사람들과 나누기를 좋아하는 그는 경기도 안성에 목판화 작업장을 두고 있다.

스님은 아직도 사춘기

초판 1쇄   2022년 1월 1일
초판 3쇄   2022년 2월 15일

지은이   명진
펴낸이   이재교

편집디자인 이정은
사진   김성헌, 김도형
제작   제일프린텍

펴낸곳   굿플러스커뮤니케이션즈(주)
출판등록   2013년 5월 7일 제2013-000136호
주소   서울시 마포구 망원로69 3층
대표전화   02-6080-9858 팩스 0505-115-5245
이메일   goodplusbook@gmail.com
홈페이지   www.goodpl.net
페이스북   www.facebook.com/goodplusbook

ISBN   979-11-85818-50-4(03200)

평화의 길은 '내 마음의 평화, 내 이웃의 평화, 한반도의 평화'를 여는 굿플러스커뮤니케이션즈(주)의 브랜드입니다.